山西省高水平专业建设成果新形态教材
职业教育智慧物流与供应链系列教材
两业融合物流专业群建设成果
同时适用于高等职业教育本科和专科物流及供应链等相关专业

智慧物流信息技术与应用

主　编：杨双幸　陈　芳

副主编：狄华军　李　杰

参　编：高　原　刘玉洁　赵启文　贾荷婷
王兆凯　袁瑷瑷　王武剑

主　审：于立国

中国财富出版社有限公司

图书在版编目（CIP）数据

智慧物流信息技术与应用 / 杨双幸，陈芳主编；狄华军，李杰副主编 . — 北京：中国财富出版社有限公司，2023.4

ISBN 978-7-5047-7922-9

Ⅰ.①智… Ⅱ.①杨… ②陈… ③狄… ④李… Ⅲ.①智能技术—应用—物流管理—职业教育—教材 Ⅳ.① F252-39

中国国家版本馆 CIP 数据核字（2023）第 070377 号

策划编辑	黄正丽	责任编辑	刘 斐 郑泽叶	版权编辑	李 洋
责任印制	尚立业	责任校对	杨小静	责任发行	敬 东

出版发行	中国财富出版社有限公司		
社 址	北京市丰台区南四环西路 188 号 5 区 20 楼	邮政编码	100070
电 话	010-52227588 转 2098（发行部）		010-52227588 转 321（总编室）
	010-52227566（24 小时读者服务）		010-52227588 转 305（质检部）
网 址	http：//www.cfpress.com.cn	排 版	宝蕾元
经 销	新华书店	印 刷	北京九州迅驰传媒文化有限公司
书 号	ISBN 978-7-5047-7922-9/F · 3538		
开 本	787mm × 1092mm 1/16	版 次	2024 年 8 月第 1 版
印 张	12	印 次	2024 年 8 月第 1 次印刷
字 数	249 千字	定 价	46.00 元

目 录

项目一 智慧物流自动识别技术的使用

项目二 智慧物流空间信息软件的安装与使用

项目三 智慧物流大数据技术的使用

项目四 智慧物流自动化技术的使用

项目五　智慧物联网技术应用案例的解析

项目一　智慧物流自动识别技术的使用

任务一　使用条码打印机打印条码

学习情境描述

信息技术是一把开启现代物流的钥匙，它打开了现代物流的大门，而智慧物流技术是现代信息技术在物流各个作业环节中的综合应用，是现代物流区别于传统物流的根本标志，尤其是计算机网络技术的广泛应用，使智慧物流技术达到了较高的应用水平。从数据采集的条码技术到物联网技术中的各种物流终端设备硬件及计算机软件的综合应用，使智慧物流技术的发展日新月异。同时，随着智慧物流技术的不断发展，产生了一系列新的物流理念和新的物流经营方式，推进了物流的变革。全面了解智慧物流相关技术及应用，对促进物流产业的发展及获取最佳经济效益有至关重要的作用。

小威在进入极速物流有限公司实习后，被分配到公司的信息管理部门，由导师陆超（主管信息系统的经理）带其了解物流信息管理工作，现在导师陆超安排小威首先了解一下条码信息，并完成指定信息的条码编辑及打印操作，条码编辑及打印的相关信息如表1–1–1所示。

表1–1–1　条码编辑及打印的相关信息

项目	具体信息
货物名称	方便面
货物条码	9787799510521
标签专用纸规格	宽度为10cm、高度为7cm
可用打印机名称	根据实验室情况而定

学习目标

1. 了解条码技术的基础术语。

2. 了解条码的类型。

3. 掌握各类商品条码的标识代码与条码符号。

4. 能够完成条码的编辑、打印及粘贴作业。

5. 能够自主查阅资料并获得信息。

任务书

完成任务单（见表1-1-2）中的任务。

表1-1-2　　任务单

<table>
<tr><td>专业班组</td><td></td><td>班长</td><td></td><td>日期</td><td></td></tr>
<tr><td colspan="6">任务：对条码进行编辑，并使用条码打印机打印出条码

</td></tr>
<tr><td colspan="6">检查意见：

</td></tr>
<tr><td colspan="6">签章：

</td></tr>
</table>

任务分组

学生按要求自行分组并填写任务分配表（见表1-1-3）。

表1-1-3　　任务分配表

<table>
<tr><td>班级</td><td></td><td>组号</td><td></td><td>指导教师</td><td></td></tr>
<tr><td>组长</td><td></td><td>学号</td><td colspan="3"></td></tr>
<tr><td rowspan="6">组员</td><td colspan="2">姓名</td><td colspan="3">学号</td></tr>
<tr><td colspan="2"></td><td colspan="3"></td></tr>
<tr><td colspan="2"></td><td colspan="3"></td></tr>
<tr><td colspan="2"></td><td colspan="3"></td></tr>
<tr><td colspan="2"></td><td colspan="3"></td></tr>
<tr><td colspan="2"></td><td colspan="3"></td></tr>
<tr><td>任务分工</td><td colspan="5"></td></tr>
</table>

获取信息

本学习任务需要掌握的内容包括条码的识读原理、条码的编码方案等，学习前需要收集相关资料。

引导问题1：条码的识读原理是什么？

____

____

____

____

____

____

____

____

引导问题2：如何进行条码的编码？

____

____

____

____

____

____

____

____

小提示

扫描以下二维码查看条码的识读原理和条码的编码方法。

条码的识读原理

条码的编码方法

工作计划

（1）通过浏览中国物品编码中心官方网站，了解条码技术发展的最新动态，收集条码技术资料。

（2）模拟企业办理商品条码系统成员证。

（3）掌握Label Matrix 32软件和BarTender软件的使用方法，熟悉条码编辑、打印、粘贴等操作。

（4）了解条码在物流中的应用（选做）。

（5）按照收集资讯和决策的过程，确定条码编辑及打印步骤，填写表1–1–4、表1–1–5。

表1–1–4　　条码编辑及打印工作方案

步骤	工作内容	负责人
1		
2		
3		
4		
5		
6		
7		
8		

表1–1–5　　器材清单

序号	名称	类型与规格	单位	数量	备注

进行决策

教师带领学生完成物品的条码编辑及打印，并做好工具选用，制订详细计划。

中国商品条码系统成员注册登记表

（1）收集条码技术最新发展动态与应用案例并进行分析，撰写总结报告。

（2）根据企业背景资料，应用各种学习资源，了解企业注册成为条码系统成员的程序，扫描右侧二维码，填写中国商品条码系统成员注册登记表。

（3）使用Label Matrix 32软件和BarTender软件生成并打印条码标签，使用条码检测仪进行检测。

步骤一： 将条码打印机接通电源，连通计算机后，运行条码编辑软件，并选择指定的打印机。

步骤二： 编辑标签布局，对页面大小进行设置，并设置打印方向及标签的尺寸。

步骤三： 编辑条码文本，在侧工具栏中点击“文本”“固定文本”，输入文本“方便面”，并选择适宜的字体、字形及大小。

步骤四： 编辑条码，在侧工具栏中点击“条码”“固定条码数据”，输入“9787799510521”，并设置条码类型为EAN-13。

步骤五： 打印条码，在界面中点击“打印”，等待条码打印机自动完成条码打印和输出操作。

步骤六： 使用完毕后，关闭条码打印机电源。

步骤七： 把打印完成的条码标签粘贴到纸箱的一个较大侧面的右上角。

评价反馈

各组代表展示作品，介绍任务的完成过程。作品展示前准备阐述材料，并完成表1-1-6、表1-1-7和表1-1-8。

表1-1-6　　学生自评表

序号	评价项目	学生自评
1	任务是否按计划时间完成	
2	相关理论学习情况	
3	任务创新情况	
4	材料上交情况	
5	收获	

表 1-1-7　　学生互评表

序号	评价项目	小组互评
1	任务是否按时完成	
2	材料上交情况	
3	作品质量	
4	语言表达能力	
5	小组成员合作情况	
6	是否有创新点	

表 1-1-8　　教师评价表

序号	评价项目	教师评价
1	学习准备情况	
2	引导问题填写情况	
3	是否规范操作	
4	完成质量	
5	关键操作要领掌握情况	
6	完成速度	
7	是否进行5S管理	
8	参与讨论的主动性	
9	沟通协作情况	
10	展示汇报情况	

学习情境相关知识点

知识点1：条码概述

随着自动识别技术和数据采集技术的发展与应用，物流信息采集效率得到了快速提高，物流作业时间和成本大大降低。条码技术最早出现在20世纪40年代，20世纪70年代得到实际应用。近年来，随着计算机技术的发展与普及，条码的应用得到了很大的发展。作为一种可靠性高、输入速度快、准确性高、成本低的自动识别技术，条码技术现已被广泛应用于物流的各个环节。

条码是由一组规则排列的条、空组成的符号，可供机器识读，用以表示一定的信息。简单地说，条码是一组粗细不同、按照一定的规则排列、有一定间距的平行线条图形。黑色的“条”指对光线反射率较低的部分，宽度不同代表的数据、字符不同；

白色的“空”指对光线反射率较高的部分。这些条和空组成的数据用以表达一定的字母、数字等信息，如图1-1-1所示。

图1-1-1　条码示意

扫描右侧二维码，观看视频，了解中国通用的条码标准。视频来源于中国物品编码中心网站。

中国通用的条码标准

知识点2：条码的类型

条码可以分为一维条码和二维条码（又称二维码）两大类。

（一）一维条码

一维条码是仅在一个维度方向上表示信息的条码符号。

1. 一维条码的结构

一维条码的种类很多，但一个完整的一维条码通常都是由左侧空白区、起始字符、数据字符、校验字符、终止字符、右侧空白区等组成。下面以EAN-13条码为例讲解一维条码的结构，如图1-1-2所示。

图1-1-2　EAN-13条码的结构

（1）左侧空白区。位于条码符号最左侧的与空的反射率相同的区域，其最小宽度为11个模块宽。主要作用是提示阅读器（扫描器）准备扫描条码符号。

（2）起始字符。位于条码符号左侧空白区的右侧，表示信息开始的特殊符号，由3

个模块组成。它的特殊条、空结构用于识别一个条码符号的开始。阅读器首先确认此字符的存在，然后处理由阅读器获得的一系列脉冲。

（3）数据字符。由条码字符组成，用于代表一定的原始数据信息。

（4）校验字符。在条码制中定义了校验字符。有些码制的校验字符是必需的，有些是可选的。校验字符是通过对数据字符进行一种算术运算而确定的。

（5）终止字符。条码符号的最后一位字符是终止字符，它的特殊条、空结构用于识别一个条码符号的结束。阅读器识别到终止字符，便可知道条码符号已扫描完毕，阅读器就向计算机传送数据住处并向操作者提供“有效读入”的反馈，终止字符的使用，避免了不完整信息的输入，当采用校验字符时，终止字符还指示阅读器对数据字符实施校验计算。起始字符、终止字符的条、空结构通常是不对称的二进制序列。这一非对称允许阅读器进行双向扫描。当条码符号被反向扫描时，阅读器会在进行校验计算和传送信息前把条码各字符重新排列成正确的顺序。

（6）右侧空白区。位于条码符号最右侧的与空的反射率相同的区域，其最小宽度为7个模块宽。为确保右侧空白区的宽度，可在条码符号右下角加“>”符号，该符号的主要作用是防止静区宽度不足。

扫描右侧二维码，观看视频，进一步了解一维条码的结构。

一维条码的结构

2. 一维条码的种类

一维条码的种类很多，常见的有20多种。每种条码都有一套自己的编码规则（码制），规定线条、空白及字符的排列方式。一般较流行的一维条码有EAN码、39码、UPC码、GSI-128码、交叉二五码，以及专门用于书刊管理的ISBN（国际标准书号）和ISSN（国际标准连续出版物号）等。不同的条码有它们各自的应用领域，下面就几种常见的条码进行讲解。

（1）EAN码。

EAN码是国际物品编码协会制定的一种商品用条码，长度固定、无含义、无校验功能，所表达的信息全部为数字，主要用于商品标识，全球通用。EAN码的标准版为EAN-13条码，如图1-1-3所示。我们日常购买的商品包装上所印的条码一般都是EAN码。

EAN-13条码共13位数字。左侧的前3位为国家代码；第4位到第7位为制造商代码（只能从0000～9999这一万组数字中进行分配）；第8位到第12位为商品代码（每个制造商可以对自己生产的10万种商品进行分配）；最后1位为校验码。

图1-1-3　EAN-13条码式样

（2）39码。

39码是世界上使用较为广泛的条码之一，尤其是在非零售行业。39码可表示数字、英文字母及“-”“.”“/”“+”“%”“$”“ ”（空格）和“*”等44种符号，其中“*”仅作为起始字符和终止字符。39码式样如图1-1-4所示。39码仅有两种单元宽度——宽单元和窄单元。宽单元的宽度为窄单元的1～3倍，一般多选用2倍、2.5倍或3倍。39码的每一个条码字符由9个单元组成，其中有3个宽单元，其余是窄单元，因此称为39码。

图1-1-4　39码式样

（3）UPC码。

UPC码是美国统一代码委员会制定的一种商品用条码，主要用于美国和加拿大地区，在美国进口商品上有此码。UPC码式样如图1-1-5所示。

图1-1-5　UPC码式样

（4）GSI-128码。

GSI-128码（以前称为UCC/EAN-128码）是一种连续的、非定长的、有含义的字母数字高密度条码，由双字符起始字符、数据字符、校验字符、终止字符及左、右侧空白区组成，如图1-1-6所示。

图1-1-6　GSI-128码式样

这是目前可用的最完整可靠的、高密度的、应用灵活的字母数字型一维条码之一，能很好地标识贸易单元中需表示的信息，如产品批号、数量、规格、生产日期、有效期、交货地等。其中：

A表示应用识别码，"00"代表其后的资料内容为运送容器序号，固定为18位数字；

B表示包装形态指示码，"3"代表无定义的包装形态指示码；

C表示前置码和公司码；

D表示自行编定序号；

E表示校验码；

F表示应用识别码，"420"代表其后的资料内容为配送邮政编码；

G表示配送邮政编码。

（5）交叉二五码。

交叉二五码是一种长度可变，用条、条与条之间的间隔表示信息的连续码，一般应用于包装、运输等。交叉二五码式样如图1-1-7所示。交叉二五码的每一个字符由5个单元组成，其中两个宽单元、三个窄单元，其字符集包括了数字0～9，条码字符从左到右，奇数位置字符用条编码，偶数位置字符用空编码。每两个数字为一组，交叉编码。

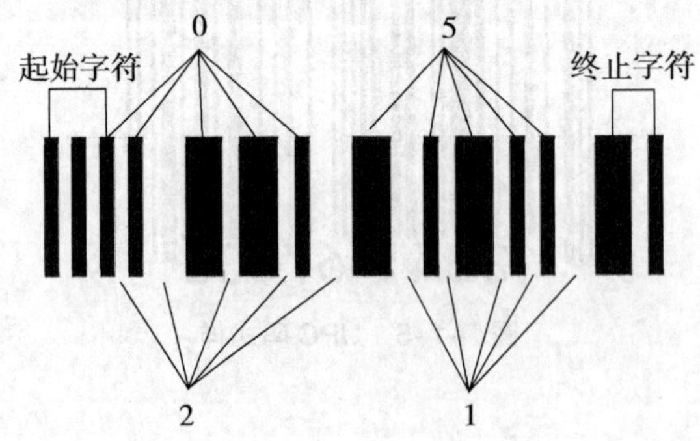

图1-1-7　交叉二五码式样

（二）二维条码

二维条码又称二维码，是指在两个维度方向上都表示信息的条码符号。它将与二进制数字相对应的几何图形规律分布于二维方向上，形成黑白相间的图形。

二维条码和一维条码都是表示、携带和识读信息的手段，但二维条码具有信息容量大、安全性高、读取率高、纠错能力强等特点，这些都是一维条码所不具备的。具体来说，二者的区别如表1-1-9所示。

表1-1-9　　二维条码和一维条码的区别

	信息密度与信息容量	安全性	垂直方向是否携带信息	主要用途	对数据库和通信网络的依赖
一维码	密度低、容量小	能通过校验字符校验错误，但不能自动纠错	不携带信息	对物品进行识别	多数场合依赖
二维条码	密度高、容量大	具有错误校验和纠错能力，可根据需求设置不同的纠错级别	携带信息	对物品进行描述	可不依赖数据和网络单独使用

扫描右侧二维码，观看视频，了解商品二维码。

商品二维码

根据二维条码的编码原理和结构形状的差异，二维条码可分为行排式二维条码和矩阵式二维条码两种。

1.行排式二维条码

行排式二维条码又称堆叠式二维条码、堆积式二维条码或层排式二维条码，其编码原理是在一维条码的基础上按需要堆积成两行或多行。它在编码设计、校验原理、识读方式等方面继承了一维条码的一些特点，识读设备与条码印刷与一维条码技术兼容。但由于行数的增加，需要对行进行判定，其译码算法与软件与一维条码的又不完全相同。

2.矩阵式二维条码

矩阵式二维条码又称棋盘式二维条码，其编码原理是在一个矩形空间通过黑、白像素在矩阵中的不同分布进行编码。在矩阵相应元素位置上，用点（方点、圆点或其他形状）的出现表示二进制的“1”，点的不出现表示二进制的“0”，点的排列组合确定了矩阵式二维条码所代表的意义。矩阵式二维条码是建立在计算机图像处理技术、组合编码原理等基础上的一种新型图形符号自动识读处理码制。

3. 常用的二维条码

常用的二维条码有PDF417条码、QR Code条码、龙贝码、Code 16K条码、Code 49条码、Code one条码和Maxi Code条码等。

（1）PDF417条码。

PDF417条码是一种行排式二维条码。PDF417条码的每一个条码字符由4个条和4个空共17个模块构成，故称为PDF417条码，如图1-1-8所示。

图1-1-8　PDF417条码式样

PDF417条码可表示数字、字母或二进制数据，也可表示汉字。一个PDF417条码最多可容纳1850个字符或1108个字节的二进制数据，如果只表示数字，则可容纳2710个数字。PDF417的纠错能力分为9级，级别越高，纠错能力越强。由于这种纠错功能，使得污损的PDF417条码也可以正确读出。PDF417条码需要有相应解码功能的条码阅读器才能识别。

（2）QR Code条码。

QR Code条码是一种矩阵式二维条码，其式样如图1-1-9所示。QR Code条码可用来表示数字、字母、8位字节型数据和汉字字符等内容。它除了具有其他二维条码所具备的优点外，还能够进行超高速和全方位的识读，使得识读效率大大提高。

图1-1-9　QR Code条码式样

（3）龙贝码。

龙贝码是由上海龙贝信息科技有限公司开发的一种矩阵式二维条码，如图1-1-10所示。与国际上现有的二维条码相比，龙贝码具有更高的信息密度和更强的加密功能，可以对所有汉字进行编码，适用于各种类型的阅读器。此外，龙贝码最多可使用多达32种语言系统，具有多向编码/译码功能和极强的抗畸变性能，可对任意大小及长宽比的二维条码进行编码和译码。

图1-1-10　龙贝码式样

（4）Code 16K条码。

Code 16K条码是一种多层、可变长度的连续型条码符号，如图1-1-11所示。它可以表示全部的扩展ASCII码，例如，一个16层的Code 16K条码，可以表示77个ASCII字符或154个数字字符。Code 16K条码通过唯一的起始字符/终止字符标识层号，通过字符自校验及两个模数为107的校验字符进行错误校验。Code 16K条码与Code 49条码、PDF417条码等同为行排式二维条码。

图1-1-11　Code 16K条码式样

小提示

ASCII码即美国信息交换标准代码，是计算机内部普遍使用的信息编码。

标准ASCII码也叫基础ASCII码，由7位二进制数组成，用来表示英文大小写字母和一些特殊符号。

扩展ASCII码除包含标准ASCII码中的128个字符外，又增加了128个字符，总共包含256个字符。

（5）Code 49条码。

Code 49条码是一种多层、连续型、可变长度的条码符号，如图1-1-12所示。它可以表示全部的128个ASCII字符。每个Code 49条码有2到8层，每层有18个条和17个空。层与层之间由一个层分隔条分开。每层包含一个层标识符，最后一层包含表示符号层数的信息。

图1-1-12　Code 49条码式样

（6）Code one条码。

Code one条码是一种成像设备识别的矩阵式二维条码，如图1-1-13所示。Code one条码中包含可由快速线性探测器识别的图像。Code one条码共有10种版本及14种尺寸。最大的条码，即版本B，可以表示2218个数字字母型字符或3550个数字及560个纠错字符。Code one条码可以表示256个ASCII字符，另加4个功能字符及1个填充字符。

图1-1-13　Code one条码式样

（7）Maxi Code条码。

Maxi Code条码是一种中等容量、尺寸固定的矩阵式二维条码，如图1-1-14所示。Maxi Code条码由位于符号中央的同心圆（或称公牛眼）定位图形（Finder Pattern），及其周围六边形蜂巢式结构的资料位元组成，如图1-1-15所示，这种排列方式使得Maxi Code条码可从任意方向快速扫描。Maxi Code条码主要应用于包裹搜寻与追踪。

图1-1-14　Maxi Code条码式样

图1-1-15　Maxi Code条码的符号排列方式

复合码

复合码是将一维条码和二维条码有机地叠加在一起而构成的一种新的码制，它能在读取商品基本信息的同时，获取更多描述商品物流特征的信息。复合码作为一种新的条码码制，很好地保持了国际物品编码体系的完整性和兼容性。

复合码的出现，解决了人们识读微小物品和表达附加商品信息的问题。目前，复合码的应用主要集中在标识散装商品、蔬菜水果、医疗保健品等非零售的小件物品，以及货物运输等方面。

知识点3：物流单元标识代码与条码符号

物流条码是供应链中用以标识物流领域中具体实物的一种特殊代码，是整个供应链过程，包括生产、配销、运输、消费等环节的共享数据。它贯穿整个贸易过程，并通过物流条码数据的采集、反馈，提高整个物流系统的经济效益。

（一）物流条码的特点

与商品条码相比较，物流条码有如下特点。

1. 储运单元的唯一标识

商品条码是最终消费品（通常是单个商品）的唯一标识，用于零售业的现代化管理；物流条码是储运单元的唯一标识，通常标识多个或多种类商品的集合，用于物流的现代化管理。

2. 服务于供应链全过程

商品条码服务于消费环节，商品出售到最终用户手里，商品条码就完成了其存在的价值。商品条码在零售业的销售时点系统（Point of Sale，POS）中起到了单个商品的自动识别、自动寻址、自动结账等作用，是零售业现代化、信息化管理的基础。物流条码服务于供应链全过程，生产厂家生产出产品，经过包装、运输、仓储、分拣、配送，直到零售商店，中间经过若干环节，物流条码是这些环节中的唯一标识，因此它涉及更广，是多种行业共享的通用数据。

3. 信息多

商品条码是一个无含义的13位数字条码。物流条码则是一个可变的，可表示多种含义、多种信息的条码，是货运包装的唯一标识，可表示货物的体积、重量、生产日期、批号等信息，是贸易伙伴根据在贸易过程中的共同需求，经过协商统一制定的。

4.具有可变性

商品条码是一个国际化、通用化、标准化的商品的唯一标识，是零售业的国际化语言。物流条码是随着国际贸易的不断发展，贸易伙伴对各种信息需求的不断增加应运而生的，其应用在不断扩大，内容也在不断丰富。

5.具有维护性

物流条码的相关标准是一个需要经常维护的标准。及时沟通用户需求，传达标准化机构有关条码应用的变更内容，如物流条码的码制标准、应用标准、产品包装标准等，是确保国际贸易中物流现代化、信息化管理的重要保障之一。

（二）物流条码编码结构

物流条码标识的内容主要有项目标识（货运包装箱代码SCC-14）、动态项目标识（系列货运包装箱代码SSCC-18）、日期、数量、参考项目（客户购货订单代码）、位置码、特殊应用等。

SSCC代码结构如表1-1-10所示，其中系列货运包装箱代码SSCC-18是每一个物流单元的唯一标识。

表1-1-10　　SSCC代码结构

结构种类	应用标识符	系列货运包装箱代码			
		扩展位	厂商识别代码	参考代码	校验位
结构一	00	N_1	$N_2N_3N_4N_5N_6N_7N_8$	$N_9N_{10}N_{11}N_{12}N_{13}N_{14}N_{15}N_{16}N_{17}$	N_{18}
结构二	00	N_1	$N_2N_3N_4N_5N_6N_7N_8N_9$	$N_{10}N_{11}N_{12}N_{13}N_{14}N_{15}N_{16}N_{17}$	N_{18}
结构三	00	N_1	$N_2N_3N_4N_5N_6N_7N_8N_9N_{10}$	$N_{11}N_{12}N_{13}N_{14}N_{15}N_{16}N_{17}$	N_{18}
结构四	00	N_1	$N_2N_3N_4N_5N_6N_7N_8N_9N_{10}N_{11}$	$N_{12}N_{13}N_{14}N_{15}N_{16}N_{17}$	N_{18}

（1）应用标识符：00表示后跟系列货运包装箱代码。

（2）扩展位：表示包装类型，用于增加SSCC的容量，由建立SSCC的厂商分配。N_1的取值范围为0～9。

（3）厂商识别代码：同零售商品。

（4）参考代码：厂商分配的一个连续号。

（5）校验位：计算方法见《商品条码　零售商品编码与条码表示》。

目前现存的条码码制多种多样，但国际上通用的和公认的物流条码码制只有三种：ITF-14条码、UCC/EAN-128条码及EAN-13条码。选用条码时，要根据货物的不同和商品包装的不同，采用不同的条码码制。单个大件商品，如电视机、电冰箱、洗衣机等商品的包装箱往往采用EAN-13条码。储运包装箱常常采用ITF-14条码或UCC/EAN-128条码，包装箱内可以是单一商品，也可以是不同的商品或多件商品小包装。

知识点4：条码技术的应用

随着物流信息化建设的发展，条码技术在物流企业中的应用也逐步显现。具体来看，作为物流管理的工具，条码的应用主要体现在以下环节中。

（一）物料管理

对于生产型企业来说，物料管理是物流管理的重要内容。条码技术在物料管理中的应用主要表现在以下几个方面。

（1）将物料进行编码，并且打印条码标签，这不仅便于物料跟踪管理，而且也有助于进行合理的物料库存准备，提高生产效率，便于企业资金的合理运用。将采购的生产物料按照行业及企业规则建立统一的物料编码，可以减少因物料无序而导致的损失和混乱。

（2）利用条码技术对物料进行标识，有助于在生产管理中对物料进行单件跟踪，从而建立完整的产品档案。

（3）利用条码技术对仓库进行基本的进、销、存管理，可以有效降低库存成本。

（4）通过产品编码，可以建立物料质量检验档案，形成质量检验报告，与采购订单挂钩，建立对供应商的评价体系。

（二）生产线物流管理

生产线物流管理是产品条码应用的基础，它用于建立产品标识条码。在生产中，用产品标识条码监控生产，采集生产测试数据、生产质量检查数据，进行产品完工检查，建立产品档案，可以有序地安排生产计划，监控生产及流向，提高产品下线合格率。条码技术在生产线物流管理中的应用主要包括以下几个方面。

（1）制定产品标识条码格式。根据企业规则和行业规则确定产品标识条码的编码规则，保证产品规则化，具有唯一标识性。

（2）通过生产线上的信息采集点来采集生产的信息。

（3）采集生产质量检查数据。通过产品标识条码采集生产质量检查数据，以产品质量标准为准绳判定产品是否合格，从而控制产品在生产线上的流向及是否建立产品档案和打印合格证。

（4）建立产品档案。通过产品标识条码对产品生产进行跟踪，并采集生产产品的各种数据作为产品信息，当生产批次计划审核后建立产品档案。

（三）分拣运输

铁路运输、航空运输等行业都存在货物的分拣、搬运问题，大批量的货物需要在很短的时间内准确无误地装到指定的车厢或航班；一个生产厂家如果生产上百个品种的产品，并需要将其分门别类送到不同的目的地，那么就必须扩大场地、增加人员，还常常会出现人工错误。解决这些问题的办法就是应用条码技术，使包裹或产品自动分拣到不同的运输机上。我们所要做的只是将预先打印好的条码标签贴在物品上，并在每个分拣点安装一台条码阅读器。

典型的配送中心作业从收货开始。送货卡车到达后，叉车司机在卸车的时候用手持式条码阅读器识别所卸的货物，条码信息通过无线数据通信技术传给计算机，计算机向叉车司机发出作业指令，显示在叉车的移动式终端上，叉车司机把货物送到某个货位存放，或直接把货物送到拣货区或出库站台。在收货站台和仓库之间一般都有运输机系统，叉车把货物放到输送机上后，输送机上的条码阅读器识别货物上的条码，计算机确定该货物的存放位置。输送机沿线的转载装置根据计算机的指令把货物转载到指定的巷道内。随即，巷道堆垛机把货物送到指定的货位。

出库时，巷道堆垛机取出指定的托盘，由运输机系统送到出库站台，叉车到出库站台取货。首先用手持式条码阅读器识别货物上的条码，计算机随即向叉车司机提出作业指令，要求把货物直接送到出库站台或拣货区。拣货员在手持式条码阅读器上输入订单号，计算机通过货架上的指示灯指出需要拣货的位置，拣货员用手持式条码阅读器识别货品上的条码，计算机确认无误后，在货架上显示拣选的数量。拣出的货品放入货盘内，连同订单一起运到包装区。包装工人进行检验和包装后，将实时打印的包含发运信息的条码贴在包装箱上。包装箱在通过分拣机时，根据条码阅读器识别的条码信息被自动拨到相应的发运线上。

（四）仓储管理

仓储管理实际上是条码技术应用的传统领地，其应用已经贯穿出入库、盘点、库存管理等多方面。在出入库过程中，条码技术可以加快出入库的速度，也能减少出入库操作的差错。条码技术在仓储管理中带来的最大的变化体现在盘点业务上，传统的手工方式盘点一般是利用纸笔记录，效率不高，同时存在数据失实的可能。在利用了条码技术后，就有可能采用自动化技术盘点。例如采用手持终端盘点时，只需要利用手持终端扫描箱体，所有盘点数据都会记录在手持终端中，手持终端也会自动处理盘点重复等错误。手持终端的数据可以很方便地导入管理系统。

在库存管理中，条码技术的重要意义在于货位保证。物流管理信息系统在做资源计划时，常常需要引用货位信息，但是传统方式操作下，难免出现货物与货位信息脱节的情况。往往出现的情况就是，物流管理信息系统指示在某处出库某样货物，但操作员将叉车开到货位后却发现并不存在这样的货物。条码技术不仅可以标识所有货物，同样也可以标识货位。操作时，要求只有扫描了货位条码和货物条码后，才能完成上下架过程，以确保货物的货位信息的准确性。

（五）产品售后跟踪服务

利用条码技术采集与跟踪产品的售后服务信息，可以为企业的售后服务提供依据，

同时能够有效地控制售后服务中存在的各种问题。条码技术在售后服务中的应用体现在以下几个方面。

（1）根据产品标识条码建立产品销售档案，记录销售信息、重要零部件的信息等。

（2）通过产品上的条码进行售后维修产品检查，检查产品是否符合维修条件和维修范围，并建立产品售后维修档案，同时分析其零部件的情况，建立零部件维修档案。

（3）通过产品标识条码反馈产品的售后维修记录，对产品维修点进行监督，记录并统计维修原因，强化产品维修的过程管理。

小提示

扫描右侧二维码，查看案例，请思考以下问题。

（1）亘古WMS（仓储管理系统）的特点是什么？

（2）什么是条码？它的应用原理是什么？

成都大西南铁路有限公司亘古WMS的运用与实践

任务二　模拟利用RFID技术进行入库作业

学习情境描述

仓储是物流供应链中不可缺少的重要环节，准确而高效的仓储是物流供应链整体效率提高的前提和基础，因此，在仓储作业中利用RFID（射频识别，又称无线射频识别）技术已成为发展趋势。

小威在进入极速物流有限公司实习后，被分配在公司的信息管理部门，由导师陆超（主管信息系统的经理）带其了解物流信息管理工作，小威完成条码技术的相关学习后，导师陆超安排小威了解无线射频识别技术，并模拟利用RFID技术完成货物的入库作业，其中入库货物信息如表1-2-1所示。

表1-2-1　入库货物信息

货物名称	货物编码	货物型号	货物规格	入库数量	货位
海尔三门冰箱	1143562	BCD-216SDN	580mm×560mm×1739mm	1	A00001
美的双门冰箱	1550722	BCD-190CM（E）	576mm×532mm×1609mm	1	A00002
格兰仕双门冰箱	1031257	BCD-178N	607mm×532mm×1428mm	1	A00003

学习目标

1. 了解射频（RF）技术和射频识别（RFID）技术的概念。
2. 了解RFID技术的特点。
3. 理解RFID系统的组成。
4. 掌握RFID系统的类型。
5. 掌握RFID技术的应用。
6. 能够正确描述RFID系统的工作原理。
7. 能够使用RFID手持终端设备采集数据信息。

任务书

完成任务单（见表1-2-2）中的任务。

表1-2-2　任务单

专业班组		班长		日期	
任务：模拟利用RFID技术完成指定货物的入库作业					
检查意见：					
签章：					

任务分组

学生按要求自行分组并填写任务分配表（见表1-2-3）。

表1-2-3　任务分配表

班级		组号		指导教师	
组长		学号			
组员	姓名		学号		

（续表）

组员	姓名	学号
组员		
任务分工		

获取信息

本学习任务需要掌握的内容包括RFID技术的特点、RFID系统的工作原理及RFID技术的应用等，学习前需要收集相关资料。

引导问题1：什么是RFID技术？它与其他自动识别技术有什么区别？

____

____

____

____

____

____

____

小提示

射频识别（RFID）技术是一种非接触式的自动识别技术。

射频识别技术与传统识别技术相比，具有以下优势：可以实现快速扫描；具有穿透性，可实现无屏障阅读；RFID标签体积较小、形状多样、抗污染能力和耐久性强、可重复使用、数据的记忆容量大、安全性高。

引导问题2：观察日常生活中RFID技术的应用，填写表1-2-4。

表1-2-4　　RFID技术的应用

序号	RFID技术的应用	应用领域	优点/解决了哪些问题
1			

（续表）

序号	RFID技术的应用	应用领域	优点/解决了哪些问题
2			
3			
4			
5			

RFID技术已应用于各个方面，如动物识别、身份识别等。整个应用标准的框架结构如图1-2-1所示。RFID技术应用的具体描述参考本任务的知识点4。

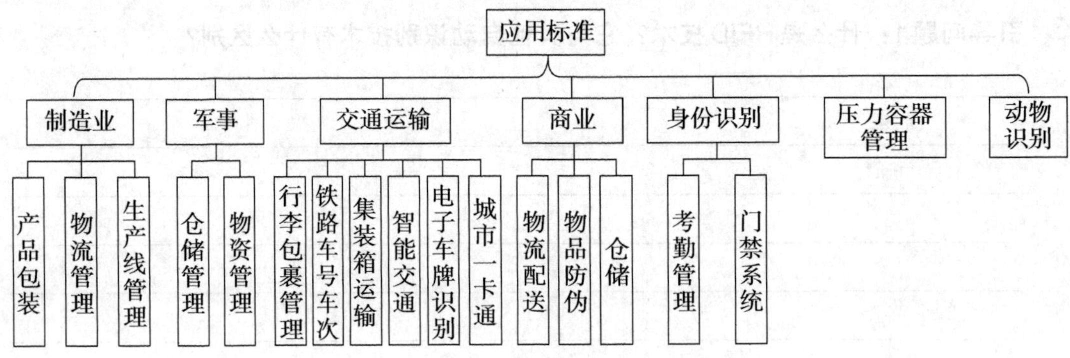

图1-2-1　RFID技术应用标准的框架结构

引导问题3：用自己的话，简单描述RFID系统的工作原理。

小提示

RFID系统工作过程中，通常由阅读器在一个区域内发射射频信号形成电磁场，作用距离的大小取决于发射功率。标签通过这一区域时被触发，发送存储在标签中的数

据，或根据阅读器的指令改写存储在标签中的数据。阅读器可接收标签发送的数据或向标签发送数据，并通过标准接口与计算机网络进行通信。RFID系统的工作流程如图1-2-2所示。

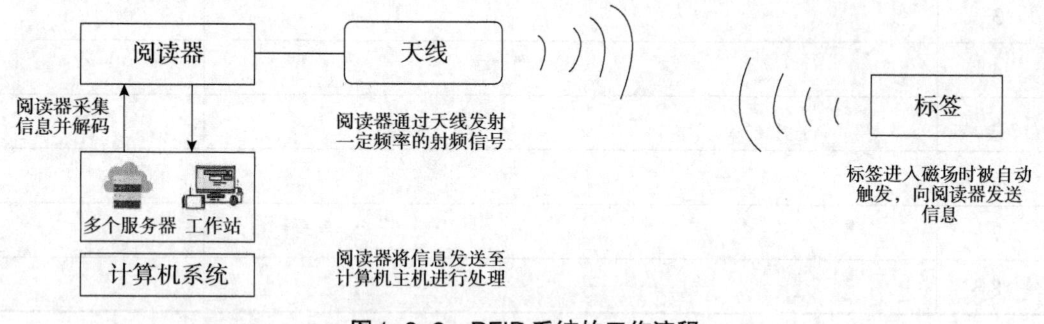

图1-2-2　RFID系统的工作流程

综上所述，RFID系统的具体工作原理如下。

（1）编程器预先将数据信息写入标签中。

（2）阅读器通过天线向外发射一定频率的射频信号。

（3）当标签进入阅读器的工作区域时，标签被激活后立即向阅读器发送自身信息。

（4）天线接收到标签发出的射频信号，经天线调节器传送到阅读器，阅读器对接收到的信号进行解调和解码，然后送到后台计算机。

（5）计算机控制器根据逻辑运算判断标签的合法性，针对不同的设定做出相应的处理和控制，发出指令信号控制执行机构动作。

（6）执行机构按照计算机的指令进行相应的操作。

（7）计算机通信网络将各个监控点连接起来，构成总控信息平台。

工作计划

（1）提前准备好RFID手持终端设备，2个贴有条码标签的纸箱，4个贴有条码标签的托盘，2个贴有条码标签的周转箱，1排贴有条码标签的货架。操作RFID手持终端设备，扫描货物，完成2箱货物条码信息的采集和传送。

（2）按照收集资讯和决策的过程，确定模拟利用RFID技术完成入库作业的工作方案，填写表1-2-5和表1-2-6。

表1-2-5　利用RFID技术完成入库作业的工作方案

步骤	工作内容	负责人
1		

（续表）

步骤	工作内容	负责人
2		
3		
4		
5		
6		
7		
8		

表1-2-6　　器材清单

序号	名称	类型与规格	单位	数量	备注

进行决策

教师带领学生完成模拟利用RFID技术完成货物的入库作业过程，并做好工具选用，制订详细计划。

（1）收集RFID技术最新发展动态与应用案例并进行分析，撰写总结报告。

（2）学生以小组为单位，选出组长，由组长合理安排组员的实际任务。

活动过程可参考以下步骤。

步骤一：利用RFID手持终端设备采集货物条码信息

① 启动RFID手持终端设备。

② 登录RFID软件系统，对系统进行操作，根据货物放置的高低程度采用不同的方式准备对货物条码进行扫描。

③ 利用RFID手持终端设备进行条码扫描，在扫描时，注意扫描区域需准确。

④ 扫描完毕后，输入数据并传送更新。

步骤二：利用RFID手持终端设备采集托盘、周转箱条码信息

①启动RFID手持终端设备。

②登录RFID软件系统并进行操作。

③利用RFID手持终端设备进行条码扫描。

④输入数据并传送更新。

步骤三：利用RFID手持终端设备采集货物入库上架所在货架信息

①启动RFID手持终端设备。

②登录RFID软件系统并进行操作。

③利用RFID手持终端设备进行货架条码扫描。

④输入数据并传送更新，并准备扫描下一个条码。

⑤所有条码扫描完毕后，设备归位，充电。

评价反馈

各组代表展示作品，介绍任务的完成过程。作品展示前准备阐述材料，并完成表1-2-7、表1-2-8和表1-2-9。

表1-2-7　学生自评表

序号	评价项目	学生自评
1	任务是否按计划时间完成	
2	相关理论学习情况	
3	任务创新情况	
4	材料上交情况	
5	收获	

表1-2-8　学生互评表

序号	评价项目	小组互评
1	任务是否按时完成	
2	材料上交情况	
3	作品质量	
4	语言表达能力	
5	小组成员合作情况	
6	是否有创新点	

表1-2-9　　教师评价表

序号	评价项目	教师评价
1	学习准备情况	
2	引导问题填写情况	
3	是否规范操作	
4	完成质量	
5	关键操作要领掌握情况	
6	完成速度	
7	是否进行5S管理	
8	参与讨论的主动性	
9	沟通协作情况	
10	展示汇报情况	

学习情境相关知识点

知识点1：RFID技术概述

（一）射频技术和射频识别技术

1.射频（RF）技术

射频（RF）技术也称无线射频技术或无线电射频技术，是一种无线电通信技术，其基本原理是利用无线电波对记录媒体进行读写。

RF技术以无线信道作为传输媒体，建网迅速，通信灵活，可以为用户提供快捷、方便、实时的网络连接，是实现无线通信的关键技术之一。

2.射频识别（RFID）技术

射频识别（Radio Frequency Identification，RFID）技术是利用无线射频方式进行非接触式双向通信交换数据，以达到自动识别的目的。该技术具有防水、耐高温、使用寿命长、读取距离远、标签上数据可以加密、存储数据容量大、存储信息可以随意修改、可以识别高速运动中的物体、可以识别多个标签、可以在恶劣环境下工作等优点。

射频识别技术的基本原理是电磁理论。射频系统的优点有不局限于视线、识别距离比光学系统远、射频识别标签具有可读/写能力、可携带大量数据、难以伪造等。

RFID技术采用的频率一般有低频、高频、超高频、微波几个波段。RFID阅读器也分移动式的和固定式的，目前RFID技术应用很广，如校园一卡通、智能图书馆（见图1-2-3）、门禁系统（见图1-2-4）、食品安全溯源等，均应用了RFID技术。

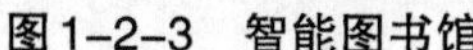

图1-2-3　智能图书馆

图1-2-4　门禁系统

（二）RFID技术的优势

1. 可以快速扫描

RFID阅读器利用无线电波，可全自动瞬间读取标签的信息，并且可以同时识别多个标签，从而对标签所对应的目标对象进行跟踪定位。

2. 体积小型化、形状多样化

利用RFID技术进行读取时，并不受尺寸大小与形状的限制，不需为了读取精度而要求固定尺寸的纸张和很高的印刷品质。此外，RFID标签更可往小型化与多样形态发展，以应用于不同产品。

3. 抗污染能力和耐久性强

传统条码的载体是纸张，因此容易受到污染，但RFID技术对水、油和化学药品等物质具有很强的抵抗性。此外，由于条码是附于塑料袋或外包装纸箱上的，所以特别容易受到折损；而RFID标签是将数据存在芯片中，因此可以免受污损。

4. 可重复使用

条码印刷上去之后就无法更改，RFID标签内存储的数据则可以重复地新增、修改、删除。

5. 具有穿透性，可无屏障阅读

在被覆盖的情况下，RFID能够穿透纸张、木材和塑料等非金属或非透明的材质，进行穿透性通信。而条码阅读器必须在近距离而且没有物体阻挡的情况下，才可以辨读条码。

6. 数据的记忆容量大

RFID标签中包含存储设备，可以存储大量数据。随着存储技术的进步，数据容量也有不断扩大的趋势。

7. 安全性高

由于RFID标签承载的是电子式信息，其数据内容可经由密码保护，不易被伪造及变造。

RFID技术因其所具备的远距离读取、高存储量等特性而备受瞩目。它不仅可以帮助一个企业大幅提高货物、信息管理的效率，还可以让销售企业和制造企业互联互通，从而更加准确地接收反馈信息，控制需求信息，优化整个供应链。

知识点2：RFID系统的组成

根据不同的应用目的和应用环境，RFID系统的组成会有所不同，但从RFID系统的工作原理来看，一般都由信号发射机、信号接收机、发射接收天线三部分组成。

（一）信号发射机

在RFID系统中，信号发射机为了不同的应用目的而以不同的形式存在，典型的形式是标签。标签相当于条码技术中的条码符号，用来存储需要识别、传输的信息，但标签又不同于条码，标签一般是带有线圈、天线、存储器与控制系统的低电集成电路，能够自动或在外力的作用下，把存储的信息主动发射出去，如图1–2–5所示。

图1–2–5　标签

（二）信号接收机

在RFID系统中，信号接收机一般称作阅读器（见图1–2–6）。阅读器的复杂程度根据支持的标签类型与完成的功能而存在很大的差别。阅读器基本的功能是提供与标签进行数据传输的途径。此外，阅读器还提供相当复杂的信号状态控制、奇偶错误检验与更正功能等。

图1–2–6　阅读器

标签中除了存储需要传输的信息外，还必须含有一定的附加信息，如错误检验信息等。识别数据信息和附加信息按照一定的结构编制在一起，并按照特定的顺序向外发送。阅读器通过接收的附加信息来控制数据流的发送。到达阅读器的信息被正确接收和译解后，阅读器通过特定的算法决定是否需要信号发射机对发送的信号重发一次，或者是否使信号发射机停止发信号，这就是“命令响应协议”。即便在很短的时间、很小的空间阅读多个标签，该协议也可以有效地防止“欺骗问题”的产生。

（三）发射接收天线

发射接收天线（见图1-2-7）用于标签和阅读器间传递射频信号。任何一个RFID系统至少应包含一根天线用以发射和接收信号。有些RFID系统由一根天线来同时完成发射和接收；而有些RFID系统则由一根天线来完成发射，由另一根天线来承担接收。

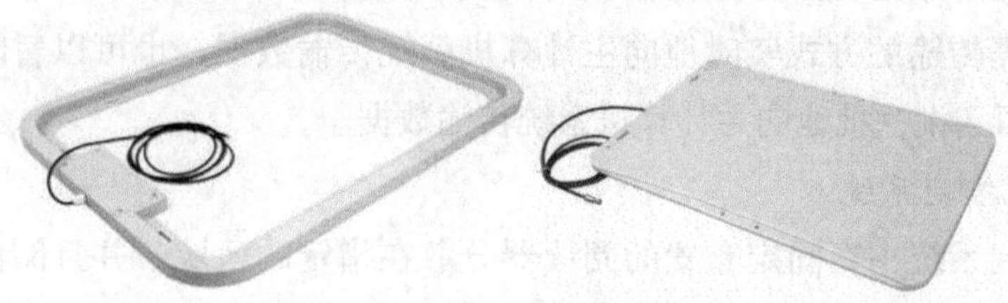

图1-2-7　发射接收天线

知识点3：RFID系统的类型

根据完成的应用功能不同，RFID系统可以分成四种类型：EAS系统、便携式数据采集系统、物流控制系统、定位系统。

（一）EAS系统

电子商品防窃（Electronic Article Surveillance，EAS）系统又称电子商品防盗系统，一般设置在需要控制物品出入的门口。该系统的典型应用场合是商店、图书馆、数据中心等，当未被授权的人从这些地方非法取走物品时，EAS系统会发出警告。在应用EAS系统时，首先在物品上黏附EAS 标签，当物品被正常购买或合法移出时，在结算处通过一定的装置使EAS标签失效，物品就可以取走。物品经过装有EAS系统的门口时，EAS装置能自动检测标签的活动性，发现活动性标签时，EAS系统会发出警告。EAS系统的应用可以有效防止物品被盗，不管是大件的还是很小的物品。应用EAS系统后，物品不用锁在玻璃橱柜里，可以让顾客自由地观看、检查。这在自选日益流行的今天有着非常重要的现实意义。典型的EAS系统一般由三部分组成：①附着在物品上的电子标签、电子传感器；②电子标签灭活装置，以便授权物品能正常出入；③监视器，在出口形成一定区域的监视空间。

EAS系统的工作原理是：在监视区，信号发射机以一定的频率向信号接收机发射信号。信号发射机与信号接收机一般安装在零售店、图书馆的出入口，形成一定的监视空间。当具有特殊特征的标签进入该区域时，会对信号发射机发出的信号产生干扰，这种干扰信号会被信号接收机接收，再经过微处理器的分析判断，就会控制警报器的鸣响。根据信号发射机发出的信号不同及标签对信号干扰原理的不同，EAS系统可以分成多种类型。关于EAS系统，最新的研究方向是标签的制作，人们正在讨论EAS标签能不能像条码一样，在产品的制作或包装过程中加进产品，成为产品的一部分。

（二）便携式数据采集系统

便携式数据采集系统是使用带有RFID阅读器的手持式数据采集器采集RFID标签上的数据。这种系统具有比较大的灵活性，适用于不宜安装固定式RFID系统的应用环境。手持式数据采集器（又称数据输入终端或手持终端）可以在读取数据的同时，通过无线电波数据传输的方式实时地向主计算机系统传输数据，也可以暂时将数据存储在阅读器中，再一批一批地向主计算机系统传输数据。

（三）物流控制系统

在物流控制系统中，固定布置的阅读器分散在指定的区域，并且阅读器直接与数据管理信息系统相连，射频识别标签是移动的，一般安装在移动的物体上。当物体、人流经过阅读器时，阅读器会自动扫描标签上的信息，并把数据信息输入数据管理信息系统进行存储和分析处理，以达到控制物流的目的。

（四）定位系统

定位系统用于自动化加工系统中的定位及对车辆、轮船等进行运行定位支持。阅读器放置在移动的车辆、轮船或者自动化流水线上移动的物料、半成品、成品上，信号发射机安装操作环境的地表下面。信号发射机上存储有位置识别信息，阅读器一般通过无线的方式或者有线的方式连接到主信息管理系统。

知识点4：RFID技术的应用

（一）RFID技术在存储环节的应用

RFID技术在存储环节主要用于存取货物与库存盘点两个方面。

在存取货物时，应用RFID技术，需要将标签贴在每件货物的包装或托盘上，在标签中写入货物的相关信息，在货物出入库时，在标签中写入货物存取的相关信息，在仓库内设置阅读器，就可实现对货物的存取控制。

此外，利用标签中提供的有关货物库存情况的准确信息，仓管员可以快速识别并统计库存状况，从而实现快速盘点。利用RFID技术进行盘点时，无须进行人工检查或条码扫描，盘点工作更加快速、准确，降低了库存盘点对人力的要求。

小提示

扫描右侧二维码，观看视频，了解RFID手持终端在入库作业中的应用。

RFID手持终端
在入库作业中的应用

（二）RFID技术在生产环节的应用

RFID技术在生产环节主要用于生产线的自动化运作。

在自动化生产过程中应用RFID技术，可以快速、准确地从种类繁多的库存中找出所需的原材料和零部件，并结合运输系统及相应的传输设备，实现物料的转移，从而实现对整个生产过程的识别与跟踪，降低人工识别成本和出错率，提高生产效率。

此外，应用RFID技术还能对生产过程实现自动控制，及时根据生产进度发出补货信息，从而协助生产管理人员实现对流水线的直接控制，确保稳步生产，也可以加强对产品质量的控制与跟踪。

（三）RFID技术在运输环节的应用

RFID技术在运输环节主要用于货物的跟踪、管理和监控。

在货物运输过程中，可以在货物和货运车辆上贴上RFID标签，同时在运输线路的一些检查点及仓库、码头、车站、机场等关键地点安装RFID阅读器，当阅读器接收到RFID标签发出的信息后，可以将货物当前的状况及所在的地理位置等信息传送至阅读器，再由阅读器传递给运输调度中心的数据库。

通过应用RFID技术，企业可以随时了解货物的运输情况，方便对在途货物进行管理，因此，RFID技术为货物的跟踪、管理和监控提供了快捷、准确、自动化的手段。在运输领域，以RFID技术为核心的集装箱自动识别系统，已成为全球范围最大的货物跟踪管理应用系统。

（四）RFID技术在配送环节的应用

RFID技术在配送环节主要用于提高配送的速度和效率。

当贴有RFID标签的货物进入配送中心时，配送中心的阅读器可以读取所有货物标签中所包含的信息，配送系统将这些信息与发货记录进行核对，以检测可能出现的错误，然后将RFID标签中的信息更新到最新状态，并且根据要求对货物进行下一步处理，以确保对货物的精确控制。因此RFID技术的应用能够大大加快配送的速度，提高分拣过程的效率与准确率。

（五）RFID技术在零售环节的应用

RFID技术应用于零售环节时，能够改进零售商的库存管理水平，实现实时补货，提高商品管理效率，减少出错率；同时，应用RFID技术能够对某些特殊商品进行自动扫描和计费，以此取代人工收费。因此，RFID技术应用于零售环节时，能够提高商品管理的效率，提高服务质量。

（六）RFID技术在交通领域的应用

1. 电子不停车收费系统

电子不停车收费系统是一种用于公路、桥梁和隧道等的电子自动收费系统。它应用RFID技术，通过路侧阅读器与车载电子标签之间的专用短程通信，可以在不需要司机停车和其他收费人员进行任何操作的情况下，自动完成收费处理过程。该系统充分体现了非接触式识别技术的优势，解决了交通的瓶颈问题，提高了收费的结算效率。

2. 海关码头电子车牌系统

海关码头电子车牌系统通过对往来的车辆发放车载电子标签，并在关键的出入监控点安放RFID识读设备，可以在有车载电子标签的监管车辆通过监控通道时，准确、及时地采集车辆信息，从而完成对车辆的确认、查询、统计和调度。

3. 车辆调度管理系统

车辆调度管理系统利用RFID技术可以远距离自动、准确地采集货运车辆的进出场信息，准确掌握运输车辆进出的实时动态。对采集到的信息进行分析，可以掌握车辆进出规律，从而有效提高车辆管理水平。

任务三　分析EPC技术应用案例

学习情境描述

小威在进入极速物流有限公司实习后，被分配在公司的信息管理部门，由导师陆超（主管信息系统的经理）带其了解物流信息管理工作，小威完成射频识别技术的相关学习后，导师陆超安排小威了解产品电子代码（Electronic Product Code，EPC）技术，并完成EPC技术应用的案例分析。

学习目标

1. 了解EPC的概念及EPC系统的特点。
2. 熟悉EPC系统的构成及工作流程。
3. 了解EPC的应用。
4. 能够自主查阅资料并获得信息。

任务书

完成任务单（见表1-3-1）中的任务。

表1-3-1　　任务单

专业班组		班长		日期	
任务：完成EPC技术应用的案例分析					
检查意见：					
签章：					

任务分组

学生按要求自行分组并填写任务分配表（见表1-3-2）。

表1-3-2　　任务分配表

班级		组号		指导教师	
组长		学号			
组员	姓名		学号		
任务分工					

获取信息

本学习任务需要掌握的内容包括EPC技术的优缺点及EPC系统的工作流程等，学习前需要收集相关资料。

引导问题1：EPC技术和条码技术的优缺点各是什么？

____

____

____

小提示

EPC与条码的关系

EPC的全称是Electronic Product Code，中文名为产品电子代码。EPC的载体是RFID标签，并借助互联网来实现信息的传递。EPC旨在为每一件单品建立全球的、开放的标识标准，实现全球范围内对单件产品的跟踪与追溯，从而有效提高供应链管理水平、降低物流成本。EPC系统是一个完整的、复杂的、综合的系统。

1.条码的局限性

条码虽然在现在应用很广泛，而且也大大提高了物流的效率。但是条码仍有很多缺点。

（1）条码只能识别一类产品，而无法识别单品。

（2）条码只能可视传播，即扫描仪必须"看见"条码才能读取它，这表明人们通常必须将条码对准扫描仪才有效。

（3）如果印有条码的横条被撕裂、污损或脱落，这些商品就无法被识别。

（4）传统一维条码是索引代码，必须实时和数据库联系，从数据库中寻找完整的描述数据。

条码的局限性具体有：信息标识是静态的；信息识别是接触式的；信息容量是有限的；不能给每个消费单元唯一的身份；数据存储、计算是集中的；二维条码只解决了信息标识容量问题。总之，条码只能适用于流通领域（商流和物流的信息管理），不能透明地跟踪和贯穿供应链过程。

2.EPC的特性

跟条码相比，EPC的优势不仅在于超强的标识能力，同时，EPC系统射频标签与阅读器之间是利用无线感应方式进行信息交换的，因此可以进行无接触识别，"视线"所及均可识别，可以穿过水、油漆、木材甚至人体进行识别。阅读器在1秒内可以识别50～150件物品。

EPC应用的是芯片，它存储的信息量和信息类别是条码无法企及的。未来EPC在标识产品的时候将要达到单品层次，如果制造商愿意，它还可以对产品的成分、工艺、生产日期、作业班组，甚至是作业环境进行描述。EPC实际上是将RFID上网以实现全球产品信息的实时共享，这将是继条码技术之后，再次改变产品零售、结算、物流配送及产品跟踪管理模式的一项新技术。

EPC技术是条码技术和RFID技术的拓展和延续，它已经成为全球统一标识系统的一个组成部分。

引导问题2：用自己的话，简单描述EPC系统的工作流程。

引导问题3：案例分析。

扫描右侧二维码，阅读分析案例，想一想：

如何利用EPC技术追踪西班牙伊比利亚黑毛猪火腿的生产全过程？

利用EPC技术追踪西班牙伊比利亚黑毛猪火腿的生产全过程

工作计划

按照收集资讯和决策的过程，制定EPC技术应用案例分析的方案，填写表1-3-3和表1-3-4。

表1-3-3 EPC技术应用案例分析的方案

步骤	工作内容	负责人
1		

（续表）

步骤	工作内容	负责人
2		
3		
4		
5		
6		
7		
8		

表1–3–4　　器材清单

序号	名称	类型与规格	单位	数量	备注

进行决策

教师带领学生对案例进行分析，并做好工作安排，讨论分析结果，制订详细计划。

评价反馈

各组代表展示作品，介绍任务的完成过程。作品展示前准备阐述材料，并完成表1–3–5、表1–3–6和表1–3–7。

表1–3–5　　学生自评表

序号	评价项目	学生自评
1	任务是否按计划时间完成	
2	相关理论学习情况	
3	任务创新情况	
4	材料上交情况	
5	收获	

表 1-3-6 学生互评表

序号	评价项目	小组互评
1	任务是否按时完成	
2	材料上交情况	
3	作品质量	
4	语言表达能力	
5	小组成员合作情况	
6	是否有创新点	

表 1-3-7 教师评价表

序号	评价项目	教师评价
1	学习准备情况	
2	引导问题填写情况	
3	是否规范操作	
4	完成质量	
5	关键操作要领掌握情况	
6	完成速度	
7	是否进行 5S 管理	
8	参与讨论的主动性	
9	沟通协作情况	
10	展示汇报情况	

学习情境相关知识点

知识点 1：EPC 的概念与发展

EPC（Electronic Product Code，产品电子代码）是为了提高物流供应链管理水平、降低成本，在互联网的基础上，利用射频识别（RFID）、无线数据通信等技术，构造一个覆盖世界上万事万物的物联网的一项新技术，可以实现对所有实体对象（包括零售商品、集装箱、货运包装等）的唯一有效标识，被誉为具有革命性意义的现代物流信息管理新技术。

随着互联网技术的飞速发展和射频识别技术趋于成熟，信息数字化和全球商业化促进了更现代化的产品标识和跟踪方案的研发，可以为供应链提供前所未有的、近乎完美的解决方案。

1999年，美国麻省理工学院成立了自动识别技术中心，提出了EPC的概念，其后四个世界著名研究型大学（英国的剑桥大学、澳大利亚的阿德莱德大学、日本的庆应义塾大学、中国的复旦大学）相继参与了EPC的研发，并得到了100多家国际大公司的支持，其研究成果已在一些公司试用。

知识点2：EPC系统的特点

（一）开放的结构体系

EPC系统采用全球最大的公用的Internet（互联网）系统，这就避免了系统的复杂性，同时也大大降低了系统的成本，并且还有利于系统的增值。

（二）独立的平台与高度的互动性

EPC 系统识别的对象是一个十分广泛的实体对象。不可能有哪一种技术适用所有的识别对象，同时，不同地区、不同国家的射频识别技术标准也不同，因此，开放的结构体系必须具有独立的平台和高度的交互操作性。EPC系统建立在Internet系统上，并且可以与Internet 系统所有可能的组成部分协同工作。

（三）灵活的、可持续发展的体系

EPC系统是一个灵活的、可持续发展的体系，可在不替换原有体系的情况下做到系统升级。EPC系统是一个全球的大系统，供应链的各个环节、各个方面都可受益，但对低价值的识别对象（如食品等）来说，它们对EPC系统引起的附加价格十分敏感。EPC 系统正在考虑通过本身技术的进步来进一步降低成本，同时通过系统的整体改进使供应链管理得到更好的应用，提高效益，以便抵消和降低附加价格。

知识点3：EPC系统的构成

EPC 系统是一个非常先进的、综合性的和复杂的系统。其最终目标是为单品建立全球的、开放的标识标准。EPC系统的构成如表1–3–8所示。

表1–3–8 EPC系统的构成

系统构成	主要内容	注释
全球产品电子代码体系	EPC编码标准	识别目标的特定代码
射频识别系统	EPC标签	贴在目标上的特定代码
	阅读器	识读EPC标签
信息网络系统	EPC中间件	EPC的软件支持系统
	对象名解析服务（ONS）	—
	EPC信息服务（EPCIS）	—

（一）EPC编码标准

EPC编码现在应用较多的主要有64位、96位及256位三种。编码分为四部分：版本号、域名管理、对象分类、序列号。其中版本号标识EPC的版本，它使得EPC随后的码段可以有不同的长度；域名管理描述与此EPC相关的生产厂商的信息；对象分类记录产品的类型；序列号可唯一标识物品。EPC编码具有全球唯一性，其最大的优点在于它的号码数量达2^n级，足以分配到全球任一物品。EPC编码的结构如表1-3-9所示。

表1-3-9　EPC编码的结构

代码	类型	版本号	域名管理	对象分类	序列号
EPC-64	TYPE Ⅰ	2	21	17	34
	TYPE Ⅱ	2	15	13	32
	TYPE Ⅲ	2	26	13	23
EPC-96	TYPE Ⅰ	8	28	24	36
EPC-256	TYPE Ⅰ	8	32	56	160
	TYPE Ⅱ	8	64	56	128
	TYPE Ⅲ	8	128	56	64

当前，出于成本等因素的考虑，EPC测试所使用的编码是64位编码结构，未来将采用96位的编码结构。EPC编码具有以下特性。

1. 科学性

EPC编码结构明确，易于使用、维护。

2. 兼容性

EPC编码标准与目前广泛应用的EAN/UCC编码标准是兼容的，GTIN是EPC编码的重要组成部分，目前广泛使用的GTIN、SSCC、GLN等都可以顺利转换到EPC中去。

3. 全面性

EPC编码可在生产、流通、储存、结算、跟踪、召回等供应链的各环节应用。

4. 合理性

EPC编码由EPC global、各国EPC管理机构（中国的管理机构称为EPC global China）和被标识物品的管理者分段管理、共同维护、统一应用，具有合理性。

5. 国际性

EPC编码不以具体国家、企业为核心，编码标准全球协商一致，具有国际性。

6. 无歧视性

EPC编码采用全数字形式，不受地域、语言、经济水平、政治观点的限制，是无歧视性的编码。

（二）EPC标签

EPC标签主要由天线和芯片组成。96位或64位的EPC编码是存储在EPC标签中的唯一信息。EPC标签有主动型、被动型和半主动型三种类型。主动型标签有一个电池，这个电池为微芯片的电路运转提供能量，并向阅读器发送信号（同蜂窝电话传送信号到基站的原理相同）。被动型标签没有电池，相反，它从阅读器获得电能。阅读器发送电磁波，在标签的天线中形成电流。半主动型标签用一个电池为微芯片的运转提供电能，但发送信号和接收信号时能从阅读器处获得能量。

（三）阅读器

阅读器主要用来读取EPC标签中的信息。阅读器使用多种方式与EPC标签交互信息，近距离读取被动型标签中信息最常用的方法就是电感式耦合。阅读器和EPC标签贴近时，盘绕阅读器的天线与盘绕EPC标签的天线之间就形成了一个磁场。EPC标签就利用这个磁场发送电磁波给阅读器。这些返回的电磁波被转换为数据信息，即EPC标签的EPC编码。

阅读器读取信息的距离取决于阅读器的能量和使用的频率。通常来讲，高频率的EPC标签有更远的读取距离，但是它需要阅读器输出能量更大的电磁波。在某些应用情况下，读取距离是一个需要考虑的关键问题。

（四）EPC中间件

每件产品都加上EPC标签之后，在产品的生产、运输和销售过程中，阅读器将不断收到一连串的EPC编码。整个过程中最重要、最困难的环节就是传送和管理这些数据。自动识别产品技术中心开发了一种名叫Savant的系统，相当于EPC系统的神经系统。

每一个层次上的Savant系统将收集、存储和处理信息，并与其他Savant系统进行交流。Savant系统的主要任务是数据校对、阅读器协调、数据传送、数据存储和任务管理。

EPC中间件及其他应用程序的通信如图1-3-1所示。

（五）对象名解析服务（ONS）

除了将EPC编码存储在EPC标签中以外，还需要有一些将EPC编码与相应产品信息进行匹配的功能，这个功能就是由对象名解析服务（Object Name Service，ONS）来实现的。

ONS是一个自动的网络服务系统，类似于域名解析服务（DNS）。DNS是将一台计算机定位到万维网上的某个具体地点的服务。ONS提供EPC查找服务，它将给定的EPC编码转化为一个或多个含有产品信息的主机的URL地址（是统一资源定位标识，就是网络地址），以获取EPCIS服务器上更多的信息。

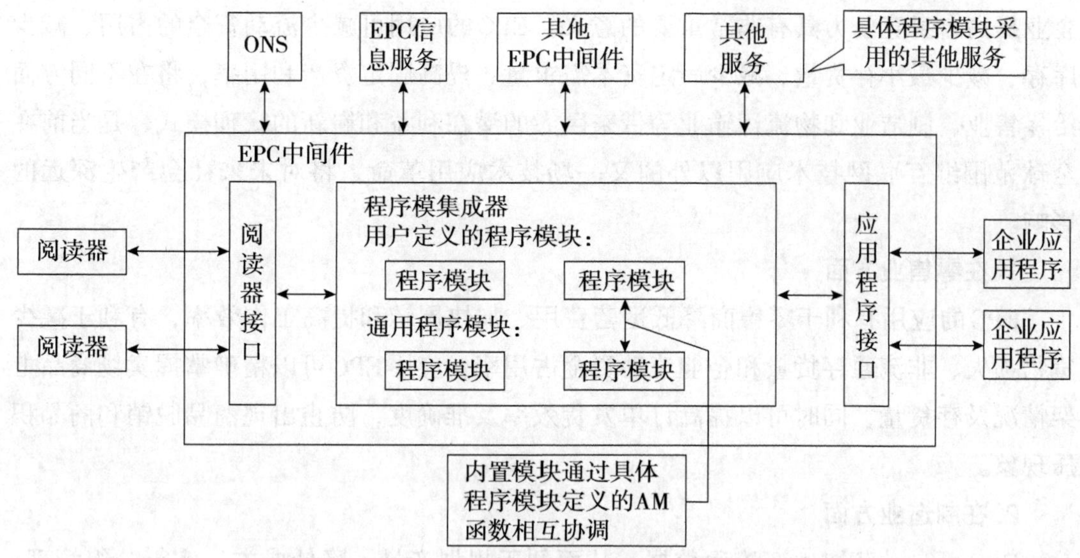

图1-3-1　EPC中间件及其他应用程序的通信

当一个阅读器读取一个EPC标签的信息时，EPC编码就传递给了Savant系统。Savant系统再在局域网或因特网上利用ONS找到这个产品信息的存储位置。ONS给Savant系统指明了存储这个产品信息的服务器，因此能够在Savant系统中找到这个文件，并且将这个文件中的关于这个产品的信息传递过来，从而应用于供应链的管理。

（六）EPC信息服务（EPCIS）

EPC编码可以识别单品，但是所有关于产品的信息都用一种新型的、标准的计算机语言——实体标记语言（Physical Markup Language，PML）书写。PML是由人们广为接受的可扩展标记语言（XML）发展而来的。

PML文件存储在PML服务器上，PML服务器将由制造商维护，并且存储这个制造商生产的所有商品的文件信息。PML 服务器用于存放生产数据、批量订单等信息。在最新的EPC 规范中，PML 服务器被称为EPCIS（EPC Information Service）。

知识点4：EPC的应用

由于EPC革命性地解决了EAN/UCC条码无法做到的单品识别问题，即为单品建立全球性的、开放的标识标准，因此以EPC为主导的自动识别产品系统将涵盖产品的生产、仓储、运输、销售、消费等环节，对整个过程实时跟踪，使制造、销售等过程发生革命性的变化，从而实现整个供应链体系的自动化。

EPC的应用非常广泛，在自动仓储库存管理、产品物流跟踪、供应链系统管理、产品装配和生产管理、产品防伪、车辆识别监管与道路自动收费、文档追踪、图书馆管理、门禁控制、动物身份识别、运动计时等多个方面起到了非常重要的作用，对于企业提高自身竞争力具有非常重要的意义。EPC的应用可减少流动资金的占用、减少库存、减少最小存货量、减少固定资本需求量、提高固定资产利用率，将在不同方面给零售业、制造业和物流运输业等带来巨大的潜在利益和崭新的管理模式，是当前在全球范围继互联网技术应用以外的又一场技术应用革命，将对未来社会产生深远的影响。

1. 在零售业方面

EPC的应用有利于零售商降低运营费用、加快周转和提高工作效率，有利于减少货物损失、非流通存货量和企业流动资金占用率。应用EPC可以精确掌握卖场商品上架情况及存货量，同时可以提高订单发货效率及准确度，防止出现商品脱销和商品积压现象。

2. 在制造业方面

EPC可自动获取生产流程数据，从而便于规划产量，降低成本，实行分组管理，提高运营效率。

3. 在物流运输业方面

EPC的应用有助于提高调度准确性、送货可靠性和送货效率，降低产品退货率，降低配送与运输成本。EPC还可用于自动通关、自动验货及运输路线跟踪。

4. 在产品防伪、身份识别等方面

EPC具有保密性好、安全可靠、使用方便、成本低等特点。

任务四　分析语音识别技术应用案例

学习情境描述

小威在进入极速物流有限公司实习后，被分配在公司的信息管理部门，由导师陆超（主管信息系统的经理）带其了解物流信息管理工作，小威完成EPC技术的相关学习后，导师陆超安排小威了解语音识别技术，并完成语音识别技术应用的案例分析。

学习目标

1. 了解语音识别技术概念和语音识别的分类。
2. 熟悉语音识别系统的工作原理。
3. 掌握语音识别技术的应用。
4. 能够自主查阅资料并获得信息。

任务书

完成任务单（见表1–4–1）中的任务。

表1–4–1　　任务单

<table>
<tr><td>专业班组</td><td></td><td>班长</td><td></td><td>日期</td><td></td></tr>
<tr><td colspan="6">任务：完成语音识别技术应用的案例分析

</td></tr>
<tr><td colspan="6">检查意见：

</td></tr>
<tr><td colspan="6">签章：

</td></tr>
</table>

任务分组

学生按要求自行分组并填写任务分配表（见表1–4–2）。

表1–4–2　　任务分配表

<table>
<tr><td>班级</td><td></td><td>组号</td><td></td><td>指导教师</td><td></td></tr>
<tr><td>组长</td><td></td><td>学号</td><td colspan="3"></td></tr>
<tr><td rowspan="6">组员</td><td colspan="2">姓名</td><td colspan="3">学号</td></tr>
<tr><td colspan="2"></td><td colspan="3"></td></tr>
<tr><td colspan="2"></td><td colspan="3"></td></tr>
<tr><td colspan="2"></td><td colspan="3"></td></tr>
<tr><td colspan="2"></td><td colspan="3"></td></tr>
<tr><td colspan="2"></td><td colspan="3"></td></tr>
<tr><td>任务分工</td><td colspan="5"></td></tr>
</table>

获取信息

本学习任务需要掌握的内容包括语音识别技术的优点、影响语音识别技术性能的因素及语音识别系统的工作原理等，学习前需要收集相关资料。

引导问题1：阅读案例回答问题。

扫描右侧二维码，阅读案例，想一想：

（1）语音识别技术有哪些优点？

（2）影响语音识别技术性能的因素有哪些？

你了解语音识别技术吗？

用语音来实现人与计算机之间的交互，主要涉及三项技术，即语音识别、自然语言理解和语音合成。语音识别的主要任务是完成从语音到文字的转变；自然语言理解则完成从文字到语义的转换；语音合成就是用语音方式输出用户想要的信息。

1.语音识别技术的优点

（1）可以摆脱枯燥乏味的专业训练，直接使用自然语言进行设备的控制。

（2）速度快。

（3）彻底解放人的手和眼睛，特别是在只能听不能看的特殊环境里，可以快速完成信息传递。

（4）在有许多人的场合同时完成各种信息传递的任务。

（5）利用现有的通信器材（如电话等）完成各种信息的传递工作与设备的控制工作。

2.影响语音识别技术性能的因素

（1）语音信息的变化。

（2）语音的模糊性。

（3）上下文环境的影响。

（4）环境的噪声和干扰。

（5）连续语音的分解、语义规则及专家系统的建立。

引导问题2：用自己的话，简单描述语音识别系统的工作原理。

小提示

语音识别的根本目的是研究出一种具有听觉功能的机器，能直接接受人的口令，理解人的意图并做出相应反应。计算机语音识别过程与人对语音识别处理的过程基本是一致的。目前主流的语音识别技术是基于统计模式的识别，语音识别系统本质上是一种模式识别系统。一个完整的语音识别过程可大致分为语音信号预处理、语音特征获取、模式匹配和语义理解，如图1-4-1所示。未知（待识别）语音经过话筒变成电信号（语音信号）后，加在识别系统的输入端，首先经过预处理，再根据人的语言特点建立声学模型，对输入的语音信号进行分析，并获取所需的特征，建立语音识别所需的模板。计算机在识别过程中根据语音识别的模型，将计算机中存放的语音模板与输入的语音信号的特征进行比较，根据一定的搜索和匹配策略，找出一系列最优的与输入语音匹配的模板，然后根据此模板的定义查表就可以给出计算机的识别结果。

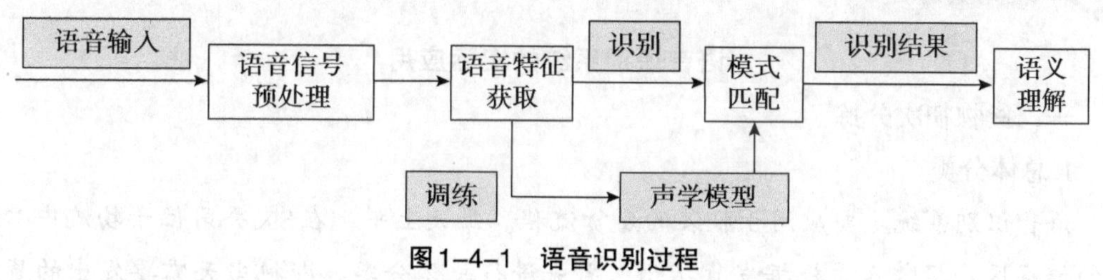

图1-4-1　语音识别过程

1. 语音信号预处理

语音信号预处理包括预滤波、采样、量化、加窗和预加重等。

2. 语音特征获取

语音特征获取的目的是从语音波形中提取随时间变化的语音特征序列。

3. 模式匹配

模式匹配是指与声学模型进行匹配。声学模型是识别系统的底层模型，并且是语音识别系统中最关键的部分。声学模型通常由获取的语音特征通过调练产生，目的是为每个发音建立发音模板。在识别时将未知的语音特征同声学模型进行模式匹配，计算未知语音的特征矢量序列和每个发音模板之间的距离。声学模型的设计和语音特点密切相关。声学模型单元大小（字发音模型、半音节模型或音素模型）对语音训练数据量大小、系统识别率及灵活性有较大影响。

4. 语义理解

计算机对识别结果进行语法、语义分析，明白语言的意义以便做出相应的过程，语义理解通常通过语言模型来实现。

引导问题3：案例分析。

SX公司采用语音识别系统提高发货效率

扫描右侧 二维码，观看案例，想一想：

（1）服装物流企业的语音识别系统的难点主要体现在哪些方面？

（2）SX公司在语音识别系统应用方面有哪些需要改进的地方？

语音识别系统的实际应用

一、货物初次分拣

1. 总体分类

语音识别系统主要应用于服装的发货流程。每天上午，在SX公司位于物流中心二层的储存区，操作人员根据发货指示，首先进行总体分类，即把当天需要发出的货物按款式分别集中在台车上的纸箱中。这里的拣选作业是对照产品明细进行的。

2. 二次分拣

在相邻的拣选区，使用语音识别系统对货物按照店铺分别进行分拣。

3. 手持终端+输送机

总体分类完成后，把纸箱放到输送机上，按发货店铺的不同，用手持终端逐一进行扫描。

因为每件货物和产品明细都要进行扫描，所以排除了款式错误的可能。但因为是单手作业，尤其对于较薄的服装，产品数量容易弄错。偶尔也会发生无法读取条码标签或者条码标签被翻转放置的情况，此时操作起来相当费力。

4. 台车+手持终端

在台车分拣区，台车底层放置了4个空的周转箱用于调节高度，上层的4个周转箱

分别代表4家店铺，操作人员同时处理4家店铺的货物，操作非常快捷。当然，通道必须留有足够的宽度，以保证台车通过。

二、使用语音识别系统进行拣选

1.语音识别拣选

前面提到的输送机传送来的周转箱到达此处，按照发货店铺的不同依次进行拣选。此时操作人员通过耳机接收指示，用麦克风进行回应，在“是”“下面”的应声中进行分拣作业。不仅双手可同时操作，并且不需要看手持终端显示的数据，只需用眼睛确认发货明细上的代码即可。

操作人员听到的指示涉及商店代码、货物代码和拣选的数量等，速度很快，操作人员听到指示后必须立刻做出回应。

操作人员做出回应后，下面的指示随即就到。

2.不同店铺的发货明细及标签

根据语音指令做好的发货明细上标有货物代码和店铺代码，暂时贴在货箱的外面，待货箱装满后，再把发货明细放入箱中，然后把箱子放到输送机上。

3.检验

通过语音识别系统拣选的货物，因为没有读取条码，因此在包装前需要检查一遍。数量少时只要确认条码即可，数量多时全部都要进行检验。

工作计划

按照收集资讯和决策的过程，制定语音识别技术应用案例分析的方案，填写表1–4–3和表1–4–4。

表1–4–3　　语音识别技术应用案例分析的方案

步骤	工作内容	负责人
1		
2		
3		
4		
5		
6		
7		
8		

表1–4–4　器材清单

序号	名称	类型与规格	单位	数量	备注

进行决策

教师带领学生对案例进行分析，并做好工作安排，讨论分析结果，制订详细计划。

评价反馈

各组代表展示作品，介绍任务的完成过程。作品展示前准备阐述材料，并完成表1–4–5、表1–4–6和表1–4–7。

表1–4–5　学生自评表

序号	评价项目	学生自评
1	任务是否按计划时间完成	
2	相关理论学习情况	
3	任务创新情况	
4	材料上交情况	
5	收获	

表1–4–6　学生互评表

序号	评价项目	小组互评
1	任务是否按时完成	
2	材料上交情况	
3	作品质量	
4	语言表达能力	
5	小组成员合作情况	
6	是否有创新点	

表 1–4–7　　　　　　　　　　　　教师评价表

序号	评价项目	教师评价
1	学习准备情况	
2	引导问题填写情况	
3	是否规范操作	
4	完成质量	
5	关键操作要领掌握情况	
6	完成速度	
7	是否进行5S管理	
8	参与讨论的主动性	
9	沟通协作情况	
10	展示汇报情况	

学习情境相关知识点

知识点1：语音识别概述

（一）语音

语音是声音和语言的组合体，是由一连串的音组成语言的声音。语音具有两重属性：一方面语音具有表意功能；另一方面语音毕竟是一种声音，是人头脑中产生的意念通过一组神经信号去控制发音器官，变成空气的震动信号，然后传递到人的耳朵或受话器的信号。

（二）语音识别技术

语音识别技术就是让机器通过识别和理解过程把语音信号转变为相应的文本或命令的技术，即让机器听懂人类语音的技术。也就是说，如果计算机配置有“语音辨识”的程序组，那么当人的声音通过一个转换装置输入计算机内部并以数位方式储存后，语音辨识程序便开始将所输入的声音样本与事先储存好的声音样本进行对比。声音对比工作完成之后，计算机就会输入一个它认为最“像”的声音样本序号，就可以知道所输入的声音是什么意义，进而执行此命令。

语音识别技术始于20世纪50年代。1952年，贝尔实验室实现了第一个可识别单个发音人孤立发音的十个英文数字的语音识别系统。20世纪60年代，计算机的应用推动了语音识别技术的发展，从此开始了计算机语音识别。20世纪70年代，语音识别技术的研究取得了许多重大成果，语音识别技术已经成为可用技术。20世纪80年代，语音识别技术研究进一步走向深入，统计算法的应用是识别算法的又一次飞跃，特别是隐马尔可夫模型的引入，这种模型的应用现在已成为语音识别技术研究的主流。20世纪90年代，随着多媒体时代的到来，要求语音识别系统从实验室走向大众。2000年以来，人机语言的交互成为研究的焦点，如即兴口语的识别和理解、自然口语对话及多语种的语言同声翻译。我国的语音识别技术研究始于20世纪50年代后期，到目前为止，语音识别技术的研究水平已基本与国外同步，在汉语语音识别技术上还有自己的特点与优势，并达到国际先进水平。

知识点2：语音识别的分类

按所要识别的单位分，语音识别可以分为孤立单词识别、连续单词识别和连续语音识别。

按语音词汇表的大小分，语音识别可以分为有限词汇识别（小词汇量、中词汇量、大词汇量）和无限词汇识别（全音节识别）。

按说话人的限定范围分，语音识别可以分为特定人语音识别和非特定人语音识别。

按识别方法分，语音识别的方法可以分为模板匹配法、概率模型法和基于神经网络的方法。

知识点3：语音识别技术的应用

语音识别技术主要应用于以下两个方面。一方面应用于人机交流。目前这方面应用的呼声很高，因为使用键盘、鼠标与计算机进行交流的这种方式将许多非专业人员拒之门外，特别是不懂英语或不熟悉汉语拼音的人。语音识别技术的采用，改变了人与计算机的互动模式，人们只需动动口就能打开或关闭程序、改变工作界面。这种使计算机人性化的结果是使人的双手得到解放，使每个人都能操作和应用计算机。电话仍是目前使用最普遍的通信工具，通过电话与语音识别系统的协同工作，可以实现语音拨号、电话购物，以及通过电话办理银行业务、炒股、上网检索信息或处理电子邮件等。

另一方面应用于语音输入和合成语音输出。现在，已经出现能将口述的文稿输入计算机并按指定格式编排的语音软件，它比通过键盘输入的速度快2~4倍。装有相关语音软件的计算机还能通过语音合成把计算机里的文件用各种语言“读”出来，这将大大推进远程通信和网络电话的发展。语音识别技术相关指标比较如表1-4-8所示。

表1-4-8　语音识别技术相关指标比较

领域	传统方式	语音方式	识别类型	效果
生产线的质量管理	测定数据的记录	直接语音输入测定数据	特定说话人、限定单词	可用于工程的早期自动控制，可减少费用、自动建立报告

（续表）

领域	传统方式	语音方式	识别类型	效果
流通中发送货物的分类	把送往地点代码化，利用键盘输入	直接语音输入	特定说话人、限定单词	增加分类量，一般人可使用
日常文字输入处理	利用键盘输入、手写等	读文章	特定说话人、单音节识别	一般人使用
银行中核查存款余额、存入通知	营业员手工操作	读存折号码	不限定说话人，限定词汇	提高服务质量，减少人员使用

在现阶段，语音识别技术主要用于电子商务、客户服务和教育培训等领域。它对节省人力、时间，提高工作效率有明显的作用，在安静环境、标准口音、常见词汇场景下的语音识别率已经超过95%，已具备了与人类相仿的语音识别能力，这也是语音识别技术当前发展比较火热的原因。

思政点拨

我们都看过科幻片，片中的未来世界，物与物之间的联系和感知都是在非接触的情况下进行的，而且机器人相互从头到脚扫描一遍，似乎就能瞬间读懂对方，让人惊呼“高级”！其实，自动识别技术目前已广泛应用在我们身边的很多场合。从身份证、银行卡到图书的RFID标签，不经意间你已经在使用这项高超的技术。

《中华人民共和国国民经济和社会发展第十一个五年规划纲要》提出大力发展现代物流业之后，国务院又通过了《物流业调整和振兴规划》，提出了调整和振兴物流业的十项主要任务。随着大数据、人工智能、云计算、物联网、5G等新技术的不断发展，物流业在运作技术、运作模式和发展业态等方面产生了重大变化。而自动识别技术就是使用特定的识别装置，通过被识别物品和识别装置之间的通信，自动获取其相关信息，并通过后台计算机系统进行处理并完成一系列特定操作的技术。它是物联网的基础，融合了物理世界和信息世界，区别于其他网络，如电信网和互联网。

自动识别技术在全球范围内得到迅猛发展，极大地提高了数据采集和信息处理的速度，改善了人们的工作和生活环境，提高了工作效率，为管理的科学化和现代化做出了重要贡献。自动识别技术可以在制造、物流、防伪和安全等领域中应用，可以采用光识别、磁识别、电识别或射频识别等多种识别方式，是集计算机、光、电、通信和网络技术为一体的技术。

项目二 智慧物流空间信息软件的安装与使用

任务一 安装并操作ArcView软件

学习情境描述

地理信息系统（Geographic Information System，GIS）可以让我们浏览绵延起伏的地貌。百度地图是一款提供网络地图搜索服务的软件，在百度地图里，用户可以查询街道、商场、楼盘的地理位置，也可以找到附近的餐馆、学校、银行、公园等。

百度地图提供了丰富的公交换乘、驾车导航的查询功能，可为用户提供最适合的路线规划。同时，百度地图为用户提供了完备的地图功能（如搜索提示、视野内检索、测距等），便于用户更好地使用地图，便捷地找到所求。

小威在进入极速物流有限公司实习后，被分配在公司的信息管理部门，由导师陆超（主管信息系统的经理）带其了解物流信息管理工作，小威完成智慧物流自动识别技术的相关学习后，导师陆超安排小威了解GIS技术，利用百度地图查询相应目的地的距离，并通过操作ArcView软件，理解GIS类的软件应具备的基本功能。

学习目标

1. 了解GIS的概念、功能和系统组成。

2. 掌握GIS的工作流程。

3. 能够正确安装ArcView软件。

4. 能够自主查阅资料，操作ArcView软件。

任务书

完成任务单（见表2-1-1）中的任务。

表2-1-1 任务单

专业班组		班长		日期	
任务：安装、操作ArcView软件					
检查意见：					
签章：					

任务分组

学生按要求自行分组并填写任务分配表（见表2-1-2）。

表2-1-2 任务分配表

班级		组号		指导教师	
组长		学号			
组员	姓名		学号		
任务分工					

获取信息

本学习任务需要掌握的内容包括GIS的概念、特点、功能、系统组成及工作流程等，学习前需要收集相关资料。

引导问题1：GIS在物流管理系统中的特点是什么？

小提示

一、与一般的管理信息系统相比，GIS具有以下特点

1.数据的空间定位特征

GIS具有表示、管理和操纵空间数据的能力。一般的管理信息系统仅包括属性和时间特征，而空间定位特征是GIS特有的，没有空间数据就不能称为GIS。

2.空间关系处理的复杂性

GIS中的属性数据指除空间位置之外的所有描述地理对象或人文属性的定性或定量的数据信息，这相当于一般管理信息系统所处理的数据。由此可见，GIS除了要完成一般的管理信息系统的工作外，还要处理与之对应的空间位置和空间关系，其复杂性是一般的管理信息系统所不具备的。

3.海量数据管理能力

GIS处理的海量数据来于两个方面：一是来自地理数据，地理数据是GIS的管理对象，其本身就是海量数据；二是来自空间分析，GIS在执行空间分析的过程中，不断产生新的空间数据，这些数据也具备海量特征。

二、采用GIS建立的物流管理系统主要包含的特点

1.GIS对企业的物流进行可视化管理

所谓的可视化管理指利用GIS对车辆的运行情况、资源利用情况和信息服务情况等进行可视化的管理。

2. GIS对企业的物流进行实时动态管理

这种动态包含时间动态和空间动态。时间动态表现为所有的数据都可以更新；空间动态表现为GIS对地图或空间图形的显示和分析。

引导问题2：GIS的主要功能有哪些？

小提示

GIS可以将表格类数据转换为地理图形显示出来，然后对显示结果进行浏览、操作和分析。GIS的基本功能可以扫描右侧二维码查看。

GIS的基本功能

引导问题3：GIS的构成有哪些？

小提示

GIS的构成可以扫描右侧二维码查看。

GIS的构成

引导问题4：GIS的工作流程是什么？

引导问题5：查阅资料，浏览相关网页，想一想，GIS与CAD相比，区别有哪些？

GIS与CAD的区别可以扫描右侧二维码查看。

GIS与CAD的区别

引导问题6：利用百度地图查询相应目的地的地理位置，并把查询结果填入表2-1-3。

表2-1-3 百度地图查询结果

任务要求	查询结果	截图
学校周围1000米内的银行		
学校到火车站的自驾行车路线		
学校到火车站的公交换乘情况		
学校到市政府的距离		

工作计划

（1）通过浏览相关网站，了解GIS发展的最新动态，收集GIS技术资料。

（2）安装使用ArcView软件，通过操作ArcView软件，理解GIS类的软件应具备的基本功能，填写表2-1-4和表2-1-5。

表2-1-4 ArcView软件安装及操作工作方案

步骤	工作内容	负责人
1		
2		
3		
4		

（续表）

步骤	工作内容	负责人
5		
6		
7		
8		

表2-1-5 器材清单

序号	名称	类型与规格	单位	数量	备注

进行决策

教师带领学生完成ArcView软件的安装，引导学生了解ArcView 软件的用户操作界面（见图2-1-1），帮助学生通过网络资料，学习使用ArcView软件，并做好工具选用，制订详细计划。

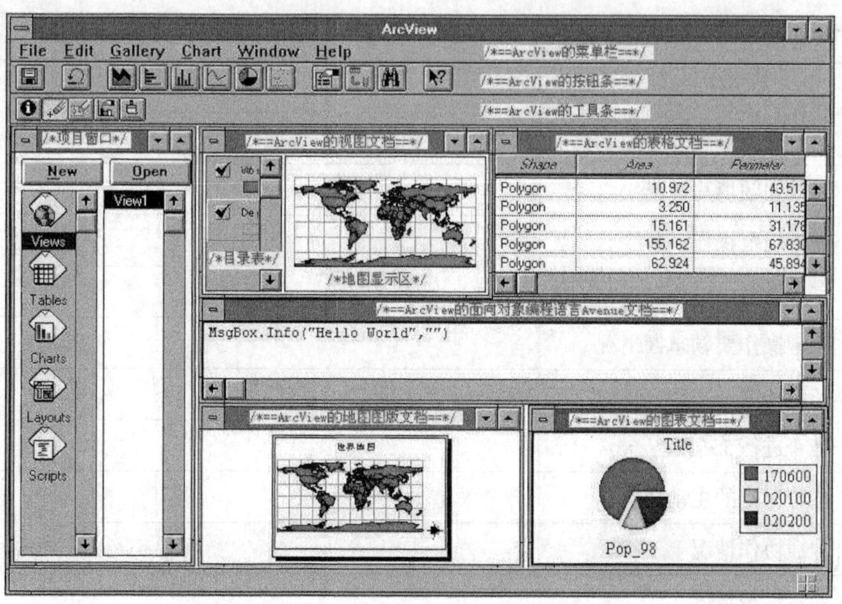

图2-1-1 ArcView 软件的用户操作界面

评价反馈

各组代表展示作品，介绍任务的完成过程。作品展示前准备阐述材料，并完成表2–1–6、表2–1–7和表2–1–8。

表2–1–6　学生自评表

序号	评价项目	学生自评
1	任务是否按计划时间完成	
2	相关理论学习情况	
3	任务创新情况	
4	材料上交情况	
5	收获	

表2–1–7　学生互评表

序号	评价项目	小组互评
1	任务是否按时完成	
2	材料上交情况	
3	作品质量	
4	语言表达能力	
5	小组成员合作情况	
6	是否有创新点	

表2–1–8　教师评价表

序号	评价项目	教师评价
1	学习准备情况	
2	引导问题填写情况	
3	是否规范操作	
4	完成质量	
5	关键操作要领掌握情况	
6	完成速度	
7	是否进行5S管理	
8	参与讨论的主动性	
9	沟通协作情况	
10	展示汇报情况	

学习情境相关知识点

知识点1：GIS基本认知

（一）GIS的概念

地理信息系统有时又称为“地学信息系统”。它是一种特定的十分重要的空间信息系统。它是在计算机硬件和软件系统支持下，对整个或部分地球表层（包括大气层）空间中的有关地理数据进行采集、存储、管理、运算、分析、显示和描述的技术系统。

GIS以计算机为工具，根据用户需要将地理数据准确、真实、图文并茂地输出给用户，以满足城市建设、企业管理、居民生活对空间信息的要求。

地理数据

地理数据指用来描述地球表面所有要素或物质（地理实体）的数量、质量、分布特征、联系和规律等信息的数字、文字、图像和声音符号等的总称。

完整的地理数据通常包括空间数据、属性数据和时间数据。其中，空间数据（又称位置数据）主要表明地理事物和地理现象的空间位置；属性数据（又称非空间数据）用来描述地理事物和地理现象的特征；时间数据用来反映地理事物和地理现象的时态特征。

（二）GIS的分类

根据内容和作用的不同，GIS可分为工具型GIS和应用型GIS两大类。

1.工具型GIS

工具型GIS又称GIS开发平台或外壳，它是具有GIS的基本功能、供其他系统调用或供用户进行二次开发的操作平台。GIS是一个复杂庞大的软件系统，而用GIS解决实际问题尚需用户进行一定程度的二次开发，如用户重复开发将会造成人力、物力和时间的浪费。工具型GIS为GIS用户提供一种技术支持，使用户能借助GIS并加上专题应用模型完成相应的任务。目前比较流行的工具型GIS软件有ArcGIS、MapInfo、GeoStar、MapGIS等。

2.应用型GIS

应用型GIS是根据用户的需求设计的一类或多类专门型GIS，它一般是在工具型GIS的平台上，通过二次开发形成的。应用型GIS除具备GIS的基本功能外，还具有解决与专业相关的模型构建和求解的功能。

应用型GIS按研究对象的性质和能力又分为专题GIS和区域GIS两种类型。

（1）专题GIS。

专题GIS是为特定专业服务的、具有很强专业特点的GIS，如交通GIS、水资源GIS、城市管网GIS、土地利用GIS等。

（2）区域GIS。

区域GIS主要以区域综合研究和全面信息服务为目标。按区域大小可以有国家级、省级、市级等不同行政区域的GIS，如江苏省GIS；也有按照自然分区或流域为单位的区域GIS，如黄河流域GIS。

知识点2：GIS的工作流程

一般而言，GIS的工作流程要经过数据采集与输入、数据编辑与处理、数据存储与管理、空间统计与分析、数据显示与输出五个步骤，如图2-1-2所示。

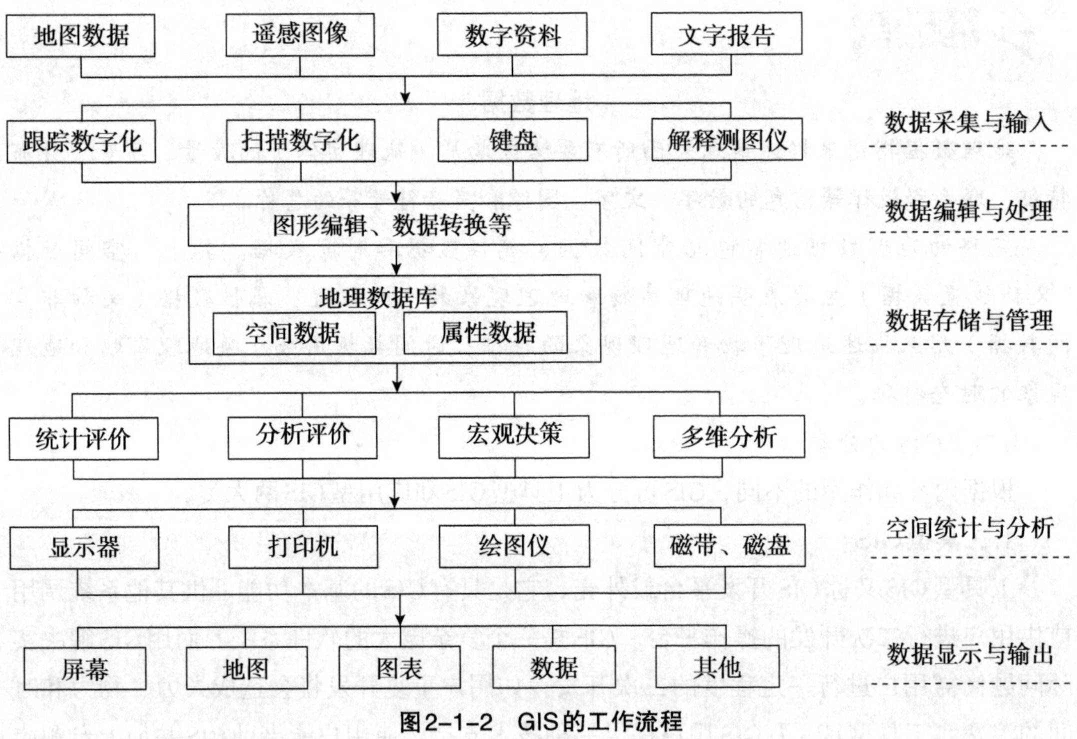

图2-1-2 GIS的工作流程

（一）数据采集与输入

数据采集与输入指根据任务的需要，将系统外部的原始数据（多种来源、多种形式的信息）传输到系统内部，并将这些数据从各种格式转换为便于系统处理的内部格式的过程。这一过程包括以下内容：①以适当的方式录入各种统计数据、野外调查数据和仪器记录的数据等；②将各种已经存在的地图和遥感图像数字化；③通过通信或读磁盘、磁带的方式录入遥感数据和其他已经存在的数据。

（二）数据编辑与处理

为了保证数据在内容、逻辑上的一致性和完整性，建立满足用户要求的数据文件，还需要对数据进行编辑、格式转换、拼接等一系列的处理工作，因此GIS系统应该提供强大的、交互式的编辑功能，包括图形编辑、数据转换、数据重构、拓扑建立、数据压缩、图形数据与属性数据的关联等。

（三）数据存储与管理

数据存储指将数据以某种格式记录在计算机内部或外部的存储介质上。数据管理指利用计算机硬件和软件技术对数据进行处理和应用的过程。属性数据一般直接利用商用关系数据库软件进行管理。

（四）空间统计与分析

空间统计与分析是GIS的核心，它以地理事物的空间和形态特征为基础，以空间数据与属性数据的综合运算（如数据格式转换、几何量算、缓冲区建立、叠置分析、数字地形分析等）为特征，生成并提取空间信息。

只要通过简单的鼠标操作，GIS就可以非常方便地提供从基本的空间查询到复杂的空间分析功能，为管理者和相关的分析专家提供及时而有用的信息。不同的商业GIS软件都具有缓冲区建立、叠置分析、网络路径分析和数字地形分析等基本的空间分析功能。

小提示

空间分析和应用是两个层面上的内容。GIS空间分析为建立和解决复杂的应用模型提供了基本工具，因此GIS空间分析和应用相当于“零部件”和“机器”的关系。

（五）数据显示与输出

数据显示是中间处理过程和最终结果的屏幕显示，通常以人机交互方式来选择显示的对象与形式。用户可以根据图形数据的信息量和密集程度，选择放大或缩小显示。此外，GIS还可以根据用户需要，将属性数据以报表形式在显示器、打印机、绘图仪或数据文件中输出。

知识点3：GIS技术在物流中的应用

（一）GIS在物流分析中的应用

GIS应用于物流分析就是利用GIS强大的地理数据功能来完善物流分析技术。完整的GIS物流分析软件集成了网络物流模型、分配集合模型、设施定位模型和运输路线模型等。

1. 网络物流模型

网络物流模型用于解决配送路径优化问题。例如，将货物从N个仓库运往M个商店，每个商店都有固定的需求量，因此需要确定由哪个仓库提货送给哪个商店，所耗的运输费用最小。此时，就要用到网络物流模型。

2. 分配集合模型

分配集合模型可以根据各个要素的相似点把同一层上的所有或部分要素分为几组，用以确定服务范围和销售市场范围等。例如，某家公司要设立X个分销点，要求这些分销点要覆盖某个区域，而且要使每个分销点的顾客数目大致相等，这时就可以用到分配集合模型。

3. 设施定位模型

设施定位模型用于确定一个或多个设施的位置。在物流系统中，物流网点和运输路线共同组成了物流网络。运用设施定位模型可以确定在既定区域内设立的网点数量、位置和规模，以及网点之间的物流关系等。

4. 运输路线模型

运输路线模型用于解决在一个起始点、多个终点的货物运输中如何降低物流作业费用，并保证服务质量的问题，包括决定使用的车辆数量和行驶路线等。

（二）GIS在物流信息系统中的应用

GIS在物流信息系统中的应用主要表现在以下几个方面。

1. GIS在配送中心信息系统中的应用

GIS可以通过客户邮编和详细地址，自动确定客户的地理位置（经纬度）和客户所在的区站、分站和投递段。基于GIS的查询、地图表现的辅助决策，实现对投递路线的合理安排。

2. GIS在客户服务端的应用

客户通过物流信息系统调用数据库信息，不仅可以使查询结果可视化（如以地图或图表的形式显示），还可以实现分析功能（如计算两地之间距离）。

3. GIS在查询货物动态情况时的应用

物流企业或客户通过物流业务系统中的全球定位系统（Global Positioning System，GPS）标签或RFID标签，可以随时查询在途货物的动态信息。

（三）GIS与其他技术的综合应用

近年来，计算机技术的飞速发展，促使GIS技术发生了很大的变化，GIS与其他技术的综合应用也越来越受到重视，主要表现在以下几个方面。

1. GIS与CAD的综合应用

CAD软件一直以来都是业界流行的图形设计、编辑与数据采集工具，大量的GIS

数据也源自CAD系统。将地理信息集成到CAD的应用环境中，用户可以很方便地获取企业GIS数据和图像。因此，将GIS与CAD结合起来应用，不仅可以有效使用CAD数据，还可以提高GIS的利用效率。

2.GIS与遥感技术的综合应用

GIS与遥感技术是两个独立发展起来的技术领域，但它们存在密切的关系。一方面，遥感信息是GIS系统中重要的信息源；另一方面，遥感调查中需要利用GIS系统中的辅助数据（包括各种地图、地面实测数据、统计资料等）来提高遥感数据的分类精度和制图精度。因此，越来越多的企业将GIS与遥感技术结合起来应用，以提高数据提取和分析的能力。

3.GIS与GPS的综合应用

将GIS与GPS结合起来应用，可以查询货物的实时动态，从而对货物进行实时跟踪。现代物流GIS/GPS信息平台的物流框架如图2-1-3所示。

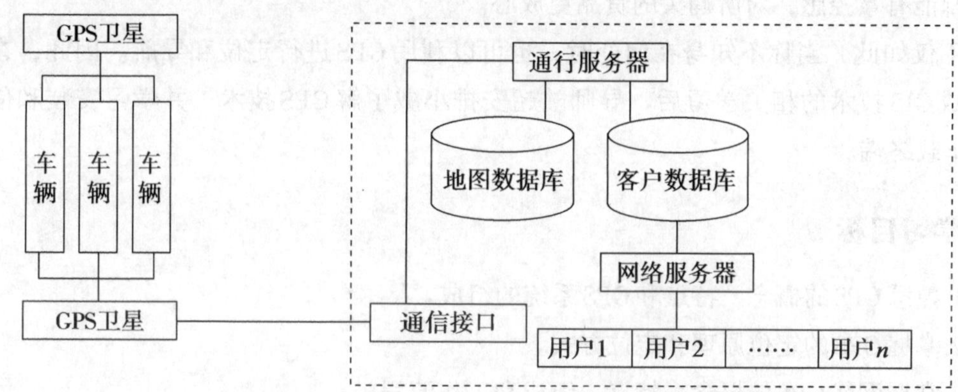

图2-1-3　现代物流GIS/GPS信息平台的物流框架

4.GIS与Internet的综合应用

近年来，基于Internet技术的GIS已经日益成为GIS技术发展的重要方向，Internet用户可以浏览Web/GIS站点中的空间数据，并进行各种空间检索和空间分析，从而使GIS进入千家万户。

5.GIS与虚拟现实技术的综合应用

虚拟现实技术又称灵境技术，是以沉浸性、交互性和构想性为基本特征的计算机高级人机界面。GIS与虚拟现实技术的结合，提高了GIS图形显示的真实感，因此可操作性更强。

任务二 安装并使用GPS车载终端

学习情境描述

“快递已经到达××（地点）。”“快递离你还有1000米。”“快递已经在你附近。”……手机地图App迅速发展，如今查快递也可以通过植入应用中的地图来查看快递流转信息了。这就像给快递绑上了全球定位系统（Global Positioning System，GPS），用户随时可查看所购买的包裹在物流过程中的具体位置。

目前，很多电商平台上线了可视化配送功能，用户下单后，只要打开物流配送的可视化地图，就可以查到物流车辆的具体位置，距离自己有多远，大概多长时间可以送达。目前这个功能已在全国范围内推行，之前物流配送过程只有文字展示，用户没有参与感，也看不见包裹的具体位置，地图的使用提升了用户体验，让每个收包裹的用户都能有掌控感，对所购买的货品更放心。

不仅如此，当你不知身在何处时，也可以利用GPS进行定位和导航。因此，在小威完成GIS技术的相关学习后，导师陆超安排小威了解GPS技术，并学习安装和使用GPS车载终端。

学习目标

1. 熟悉GPS的概念、特点和GPS系统的组成。
2. 掌握GPS的定位原理和定位方式。
3. 掌握网络GPS的概念、特点、组成和工作流程。
4. 能够学会安装和使用GPS车载终端。
5. 能够自主查阅资料并获得信息。

任务书

完成任务单（见表2-2-1）中的任务。

表2-2-1 任务单

专业班组		班长		日期	
任务：学习安装和使用GPS车载终端					

（续表）

检查意见：
签章：

任务分组

学生按要求自行分组并填写任务分配表（见表2–2–2）。

表2–2–2　　任务分配表

<table>
<tr><td>班级</td><td></td><td>组号</td><td colspan="2"></td><td>指导教师</td><td></td></tr>
<tr><td>组长</td><td></td><td>学号</td><td colspan="4"></td></tr>
<tr><td rowspan="6">组员</td><td colspan="3">姓名</td><td colspan="3">学号</td></tr>
<tr><td colspan="3"></td><td colspan="3"></td></tr>
<tr><td colspan="3"></td><td colspan="3"></td></tr>
<tr><td colspan="3"></td><td colspan="3"></td></tr>
<tr><td colspan="3"></td><td colspan="3"></td></tr>
<tr><td colspan="3"></td><td colspan="3"></td></tr>
<tr><td>任务分工</td><td colspan="6"></td></tr>
</table>

获取信息

本学习任务需要掌握的内容包括GPS的概念、特点、定位原理和GPS系统的组成等，学习前需要收集相关资料。

引导问题1：GPS系统由哪些部分组成？各部分的作用是什么？

小提示

GPS系统的组成

GPS系统由空间部分、地面控制部分和用户设备部分三大部分组成，详细说明及作用，可以通过扫描右侧的二维码查看。

引导问题2：GPS的定位原理是什么？

____

____

____

____

____

____

____

____

小提示

GPS的定位原理是测量出已知位置的卫星到用户接收机之间的距离，然后综合多颗卫星的数据就可知道接收机的具体位置，具体内容可以扫描右侧的二维码查看。

GPS的定位原理

引导问题3：查阅资料，想一想：网络GPS是如何完成车辆和货物的在途监控的？

____

____

____

____

____

____

____

____

____

网络GPS

一、网络GPS的概念

网络GPS指将Internet技术与GPS技术相结合，在Internet上建立起来的一个公共GPS监控平台，可以显示GPS的动态跟踪信息，实现实时监控、动态调度的功能。

网络GPS综合了Internet与GPS的优势与特色，必将在很大程度上帮助物流运输企业提高车辆调度水平、提升物流服务质量。

二、网络GPS的特点

与传统的GPS相比，网络GPS具有以下特点。

（1）功能多，覆盖面广。网络GPS在任何地方都可以监控车辆位置，使所有用户的要求都能得到满足。

（2）定位速度快。网络GPS使物流运输企业能够在业务运作中提高反应速度，降低车辆空驶率，从而降低运作成本。

（3）网络GPS的信息传输采用GSM（全球移动通信系统）公用数字移动通信网。GSM公用数字移动通信网有保密性高、系统容量大、抗干扰能力强、漫游性能好、移动业务数据可靠等优点。

（4）网络GPS构筑在Internet的公共平台上，具有开放性高、资源共享程度高等优点。

三、网络GPS的组成

网络GPS主要由网上服务平台、用户端设备和车载终端组成。

1.网上服务平台

网上服务平台由提供定位服务的运营商负责运营管理，用户在申请之后可以通过用户名和口令登录相关网站，享受网络GPS服务。

2.用户端设备

网络GPS用户只需准备一台可以与Internet连接的普通计算机即可。接受服务时，用户通过普通的Internet浏览器，使用授权的用户名和口令就可进入服务系统的用户界面，然后通过该界面对被监控对象进行实时监控。

3.车载终端

车载终端主要由GPS定位信号接收模块和其他通信模块组成，用来实现对被监控对象的跟踪定位与通信。

四、网络GPS的工作流程

（1）车载终端接收到GPS卫星定位数据后，自动计算出自身所处的地理位置的坐标，然后通过GSM通信机发送到GSM公用数字移动通信网，并通过与物流信息系统连接的DDN（数字数据网）专线将数据传送到物流信息系统的监控平台上。

（2）监控中心将接收到的坐标数据和其他还原后的数据与电子地图进行对比，并在电子地图上直接显示车辆实时坐标对应的位置。

（3）各网络GPS用户的权限是可以在网上进行车辆信息的收发、查询等管理工作，在电子地图上查看车辆和货物的动态信息（如位置、状态、行驶速度等），还可以在车辆出现意外时进行紧急求援。

工作计划

按照收集资讯和决策的过程，有条理地制定安装和使用GPS车载终端的方案，并填写表2-2-3和表2-2-4。

表2-2-3　安装和使用GPS车载终端的方案

步骤	工作内容	负责人
1		
2		
3		
4		
5		
6		
7		
8		

表2-2-4　器材清单

序号	名称	类型与规格	单位	数量	备注

进行决策

教师带领学生完成GPS车载终端的安装和使用，并做好工具选用，制订详细计划。

1. 认知GPS车载终端的组成

GPS车载终端由主机、显示屏、紧急报警开关、摄像头等构成，安装在车辆上，主机内具有GPS定位模块、无线通信模块、图像处理模块、中心处理器、各种公共接口和电源等，通过无线网络自动与监控中心进行透明数据传输。

2. 认知GPS车载终端的主要功能

（1）移动终端功能：实时交互、身份识别、摄像、管理权限设置、车辆定位监控、防劫报警、偏移路线预警、区域限制报警、遥控监听、车载设备检测、资讯服务、多通道报警、车辆状态检测、自检报告、远程下载、免提通话、定位上传、驾驶员智能管理卡等。

（2）GPS全球定位功能：单点查询、实时跟踪、历史数据回传、通话、调度、报警等。

（3）设置参数功能：通过监控中心可设置车载设备的短信上报中心号码、历史数据存储时间间隔、禁止/允许车载电话设置功能、禁止/允许电话的打出和接听、隐藏模式、运行区域、最高限速、分段限速等参数。

3. 完成GPS车载终端的安装和使用

（1）电源（电池）的安装。安装电池时，应先松开固定螺栓，安装时注意电池盒上标注的“+”或“-”极性。

（2）GPS车载终端安装。将GPS车载终端安放在三脚架基座上，对中、整平、量天线高。注意：由于GPS属于三维系统，天线高测量误差会影响平面定位精度。

（3）GPS车载终端操作。

①开机。

②参数输入。

③数据接收。

④观察状态面板。车载终端一旦开机，便立即搜索卫星信号，跟踪卫星并记录数据。状态面板提供观测过程的监视信息，设有“设站时间段指示灯”“数据记录指示灯”“卫星跟踪指示灯”“电源状态指示灯”四个指示灯，分别闪烁红或绿两种灯光信号。

⑤GPS车载终端关机。关闭GPS车载终端电源时，按住电源开关不放，伴随着蜂鸣声，指示灯全红，直至电源指示灯全灭，这时电源关闭。

（4）GPS车载终端向PC端传输（下载）数据。

4.认知GPS监控中心功能

GPS监控中心（见图2-2-1）是整个系统的“神经中枢”，集中实现监控、调度、接/处警、图像处理功能和其他信息服务，并对整个系统的软/硬件进行协调、管理。

实时监控

卫星地图，历史轨迹，拍照/视频，油量、车门状态，工作状态

图2-2-1　GPS监控中心

GPS监控中心由软件部分和硬件部分组成。其中硬件部分主要包括数据库服务器、备份服务器、通信服务器、网管检测工作站、GIS监控坐席、接警席、调度席、电源及网络连接设备。软件部分主要包括数据库服务器、通信服务器、Web服务器、地图服务器及公交智能调度等应用软件包。

GPS监控中心的主要功能选项如下。

（1）系统管理：对安全、系统参数、日志等进行管理。

（2）基本资料：对基础数据和监控数据等进行管理。

（3）基本报表：对基本运行数据进行统计分析。

（4）电子地图：实现电子地图的分层缩放显示、地图漫游、电子地图自动切换、鹰眼（地图全局窗口）、测距、地理信息查询。

（5）车辆实时监控：对车辆运行情况进行实时监控。

（6）报警中心：实现对系统监控的车辆异常报警情况的监控和处理。

（7）行驶轨迹：对车辆历史行程情况进行查询，显示车辆轨迹，可进行轨迹回放、轨迹测距。

（8）行驶数据：对车辆历史行程情况进行查询，显示原始数据，生成速度分布图表。

（9）图片监控：对指定车辆进行实时拍照，可实现历史图片浏览，有效地对实地情况进行监控并取得证据。

（10）设备操作：通过多种方式实现调度信息发送管理。

（11）多车轨迹：将10辆车以内的行驶轨迹显示在同一地图上。

（12）短信群发：向多辆车发送短信。

（13）打印输出：随时打印实时显示的地图图样及统计资料的信息。

评价反馈

各组代表展示作品，介绍任务的完成过程。作品展示前准备阐述材料，并完成表2-2-5、表2-2-6和表2-2-7。

表2-2-5　学生自评表

序号	评价项目	学生自评
1	任务是否按计划时间完成	
2	相关理论学习情况	
3	任务创新情况	
4	材料上交情况	
5	收获	

表2-2-6　学生互评表

序号	评价项目	小组互评
1	任务是否按时完成	
2	材料上交情况	
3	作品质量	
4	语言表达能力	
5	小组成员合作情况	
6	是否有创新点	

表2-2-7　教师评价表

序号	评价项目	教师评价
1	学习准备情况	
2	引导问题填写情况	
3	是否规范操作	
4	完成质量	
5	关键操作要领掌握情况	
6	完成速度	

（续表）

序号	评价项目	教师评价
7	是否进行5S管理	
8	参与讨论的主动性	
9	沟通协作情况	
10	展示汇报情况	

学习情境相关知识点

知识点1：GPS技术基本认知

（一）GPS的概念

卫星导航定位系统是一种以卫星为基础的无线电导航系统。该系统可发送高精度、全日时、全天候的导航及定位和授时信息，是一种可供海陆空领域的军民用户共享的信息资源。卫星导航定位指利用卫星导航定位系统提供位置、速度及时间等信息来完成对各种目标的定位、导航、检测和管理。

GPS是一个由覆盖全球的24颗卫星组成的卫星系统。这个系统可以保证在任意时刻、地球上任意一点都可以同时观测到4颗卫星，以保证卫星可以采集到该观测点的经纬度和高度，以便实现导航、定位、授时等功能。GPS技术可以用来引导飞机、船舶、车辆及个人安全、准确地沿着选定的路线，准时到达目的地。

GPS起始于美国军方的一个项目。20世纪70年代，美国陆海空三军联合研制了新一代卫星定位系统GPS。其主要目的是为陆海空三大领域提供实时、全天候和全球性的导航服务。

四大卫星导航定位系统

当前全球有四大卫星定位系统，分别是美国的全球定位系统、俄罗斯的格洛纳斯卫星导航系统、欧洲的伽利略卫星导航系统和我国的北斗卫星导航系统。

格洛纳斯卫星导航系统是苏联从20世纪80年代初开始建设的与美国的全球定位系统相类似的卫星定位系统，覆盖范围包括全部地球表面和近地空间，也由卫星星座、地面监测控制站和用户设备三部分组成。虽然格洛纳斯卫星导航系统的第一颗卫星早就已发射成功，但受苏联解体的影响，整个系统发展缓慢。直到1995年，俄罗斯耗资30多亿美元，才完成了格洛纳斯卫星导航系统卫星星座的组网工作。

伽利略卫星导航系统是欧洲自主的、独立的民用全球卫星导航系统，提供高精度、

高可靠性的定位服务，是完全非军方控制、管理的卫星定位系统，可以实现覆盖全球的导航和定位功能。

北斗卫星导航系统是我国自行研制的全球卫星导航系统。2003年5月25日，我国成功地将第三颗"北斗一号"导航定位卫星送入太空。前两颗"北斗一号"卫星分别于2000年10月31日和12月21日发射升空，第三颗发射的是导航定位系统的备份星，它与前两颗"北斗一号"工作星组成了完整的卫星导航定位系统，确保全天候提供卫星导航信息。这标志着我国成为世界上第三个建立了完善的卫星导航系统的国家。

北斗卫星导航系统是一种双星快速定位系统。突出特点是构成系统的空间卫星数目少、用户终端设备简单、一切复杂性均集中于地面中心处理站。北斗卫星导航系统是利用地球同步卫星为用户提供快速定位、简短数字报文通信和授时服务的一种全天候、区域性的卫星定位系统。北斗卫星导航系统的主要功能包括如下几个方面。

（1）定位：快速确定用户所在地的地理位置，向用户及主管部门提供导航信息。

（2）通信：用户与用户、用户与中心控制系统间均可实现双向短数字报文通信。

（3）授时：中心控制系统定时播发授时信息，为定时用户提供时延修正值。

北斗卫星导航系统除了在我国国家安全领域发挥重大作用外，还将服务于国家经济建设，提供监控救援、信息采集、精确授时和导航通信等服务，可广泛应用于船舶运输、公路交通、铁路运输、海上作业、渔业生产、水文测报、森林防火、环境监测等众多方面。

（二）GPS的特点及用途

1.GPS的特点

（1）定位精度高。

应用实践已经证明，GPS相对定位精度在50km以内可达6～10m，100～500km可达7～10m，1000km可达9～10m。在300～1500m工程精密定位中，1小时以上观测的解，其平面位置误差小于1mm，与ME-5000电磁波测距仪测定的边长比较，其边长较差最大为0.5mm，较差中误差为0.3mm。

（2）观测时间短。

随着GPS的不断完善，软件的不断更新，目前，20km以内相对静态定位仅需15～20min；快速静态相对定位测量时，当每个流动站与基准站相距在15km以内时，流动站观测只需1～2min，然后可随时定位，每站观测只需几秒钟。

（3）测站间无须通视。

GPS测量不要求测站之间互相通视，只需测站上空开阔即可，因此可节省大量的造标费用。由于无须点间通视，点位可根据需要选择，可稀可密，选点工作甚为灵活，也可省去经典大地网中的传算点、过渡点的测量工作。

（4）可提供三维坐标。

经典大地测量将平面与高程采用不同方法分别施测。GPS可同时精确测定测站点的三维坐标。目前GPS水准可满足四等水准测量的精度。

（5）操作简便。

随着GPS接收机不断改进，自动化程度越来越高，有的已达“傻瓜化”的程度；接收机的体积越来越小，重量越来越轻，极大地减轻了测量工作者的工作紧张程度和劳动强度，使野外工作变得轻松愉快。

（6）全天候作业。

目前GPS观测可在一天24小时内的任何时间进行，不受阴天、黑夜、起雾、刮风、下雨、下雪等的影响。

（7）功能多、应用广。

GPS不仅可用于测量、导航，还可用于测速、测时。测速的精度可达0.1m/s，测时的精度可达几十毫微秒。其应用领域也在不断扩大。

2.GPS的用途

（1）陆地应用，主要包括车辆导航、应急反应、大气物理观测、地球物理资源勘探、工程测量、变形监测、地壳运动监测、市政规划控制等。

（2）海洋应用，包括远洋船最佳航程航线测定、船只实时调度与导航、海洋救援、海洋探宝、水文地质测量、海洋平台定位及海平面升降监测等。

（3）航空航天应用，包括飞机导航、航空遥感姿态控制、低轨卫星定轨、导弹制导、航空救援和载人航天器防护探测等。

扫描右侧二维码观看动画，进一步了解GPS。

接触GPS

知识点2：GPS技术在物流中的应用

（一）GPS技术在道路工程中的应用

GPS技术目前主要是用于建立各种道路工程控制网及测定航测外控点等。随着高等级公路的迅速发展，对勘测技术提出了更高的要求，由于线路长，已知点少，因此，用常规测量手段不仅布网困难，而且难以满足高精度的要求。目前，国内已逐步采用GPS技术建立线路首级高精度控制网，然后用常规方法布设导线加密。实践证明，在几十千米范围内的点位误差只有2cm左右，达到了常规方法难以实现的精度，同时也大大缩短了工期。GPS技术也同样应用于特大桥梁的控制测量中。由于无须通视，可

构成较强的网形，提高点位精度，同时对检测常规测量的支点也非常有效。GPS技术在隧道测量中也具有广泛的应用前景，GPS测量无须通视，减少了常规方法的中间环节，因此，速度快、精度高，具有明显的经济和社会效益。

（二）GPS技术在汽车导航和交通管理中的应用

三维导航是GPS的首要功能，飞机、轮船、地面车辆及步行者都可以利用GPS导航器进行导航。汽车导航系统是在GPS基础上发展起来的一项新型技术。汽车导航系统由GPS、自律导航系统、微处理机、车速传感器、陀螺传感器、CD-ROM驱动器、液晶显示器组成。GPS与电子地图、无线电通信网络、计算机车辆管理信息系统结合，可以实现车辆跟踪、出行路线规划和导航、信息查询、话务指挥及紧急援助等许多功能。

1. 车辆跟踪

GPS和电子地图结合可以实时显示车辆的实际位置，并可任意放大、缩小、还原、换图；画面可以随目标移动，使目标始终保持在屏幕上；还可实现多窗口、多车辆、多屏幕同时跟踪。利用该功能可对重要车辆和货物进行运输跟踪。

2. 出行路线规划和导航

出行路线规划是汽车导航系统的一项重要的辅助功能，它包括自动路线规划和人工路线设计。自动路线规划是由驾驶者确定起点和目的地，计算机软件按要求自动设计最佳行驶路线，包括最快的路线、最简单的路线、通过高速公路路段次数最少的路线等。人工路线设计是由驾驶者根据自己的需要设计起点、终点和途经点等，自动建立路线库。路线规划完毕后，显示器能够在电子地图上显示设计路线，并同时显示汽车运行路径和运行方法。

3. 信息查询

可以为用户提供主要物标，如旅游景点、宾馆、医院等，用户能够在电子地图上标注其位置。同时，监测中心可以利用监测控制台对区域内的任意目标所在位置进行查询，车辆信息将以数字形式在监测控制台的电子地图上显示。

4. 话务指挥

指挥中心可以监测区域内车辆的运行状况，对被监控车辆进行合理调度。指挥中心也可随时与被跟踪目标通话，实行管理。

5. 紧急援助

通过GPS定位和监控管理系统，可以对遇到险情或发生事故的车辆进行紧急援助。监测控制台的电子地图显示求助信息和报警目标，监控管理系统规划最优援助方案，并以报警声、光提醒值班人员进行应急处理。

思政点拨

空间信息技术是实现物流运输车辆实时监控跟踪、运输路径规划等的关键技术，其中全球定位系统和地理信息系统是实现这些功能的基础。中国自行研制的北斗卫星导航系统为全球卫星导航系统，是继美国的 GPS 和俄罗斯的格洛纳斯卫星导航系统后的第三个成熟的卫星导航系统。2020 年 7 月 31 日，习近平宣布北斗三号全球卫星导航系统正式开通。与其他卫星导航系统相比，北斗三号全球卫星导航系统除提供全球定位、导航、授时服务外，还能进行短报文通信。我国的北斗卫星导航系统在建设过程中没有自己的原子钟和芯片，频率资源缺乏，此时，我国并没有花钱去买技术，而是走上了一条自主创新的道路！

项目三　智慧物流大数据技术的使用

任务一　分析物流大数据

学习情境描述

每一个事物在计算机里都是以数据的形式存放的，计算机的世界里只有数据。我们也生活在一个充满数据的世界。例如，全球零售业巨头沃尔玛在对消费者的购物行为进行分析时发现，男性顾客在购买婴儿纸尿裤时，常常会顺便搭配几瓶啤酒来犒劳自己，于是尝试推出了将啤酒和纸尿裤摆在一起的促销手段。没想到这个举措居然使纸尿裤和啤酒的销量大幅增加。如今，“啤酒+纸尿裤”的数据分析成果早已成了大数据技术应用的经典案例，被人津津乐道。

小威完成智慧物流空间信息技术的相关学习后，导师陆超安排小威了解大数据技术，并以“淘宝”为例，看一看淘宝App是如何利用用户数据实现基于个性化推荐的精准营销的。

学习目标

1. 了解大数据及大数据技术的基本含义。
2. 掌握大数据技术的基本架构。
3. 掌握大数据技术在物流行业中的应用。
4. 能够完成大数据分析。
5. 能够自主查阅资料并获得信息。

任务书

完成任务单（见表3-1-1）中的任务。

表3-1-1　　任务单

专业班组		班长		日期	
任务：大数据分析——以“淘宝”为例，看一看淘宝App是如何利用用户数据实现基于个性化推荐的精准营销的					
检查意见：					
签章：					

任务分组

学生按要求自行分组并填写任务分配表（见表3-1-2）。

表3-1-2　　任务分配表

班级		组号		指导教师	
组长		学号			
组员	姓名		学号		
任务分工					

获取信息

本学习任务需要掌握的内容包括大数据与传统数据的区别、大数据技术的基本架构及大数据技术在物流行业中的应用等，学习前需要收集相关资料。

引导问题1：大数据与传统数据有哪些区别呢？

小提示

与传统数据相比，大数据应用范围更广，数据更大，内容更多、更杂、更分散、也更全面。在大数据时代，我们所需要分析的是尽可能全面的数据，而不是数据的某一个样本。大数据与传统数据的区别可以通过扫描右侧的二维码进行查看。

大数据与传统数据的区别

引导问题2：查阅资料，简单描述大数据技术的发展历程。

小提示

云计算、物联网、移动互联网、社交媒体等新兴信息技术和应用模式的快速发展，促使全球数据量急剧增加，也推动人类社会逐步迈入大数据时代。相信随着大数据技术的不断发展，数据的价值必将会越来越大。大数据技术的发展历程可以通过扫描右侧的二维码进行了解。

大数据技术的发展历程

扫描右侧二维码，查阅案例。

Amazon 物流大数据应用

引导问题3：分析案例，想一想：物流大数据在Amazon（亚马逊）中的应用有哪些？

工作计划

按照收集资讯和决策的过程，制定案例分析的方案，并填写表3-1-3和表3-1-4。

表3-1-3　案例分析的方案

步骤	工作内容	负责人
1		
2		
3		
4		
5		
6		
7		
8		

表3-1-4　器材清单

序号	名称	类型与规格	单位	数量	备注

进行决策

教师带领学生，查阅相关资料，确定淘宝App是如何利用用户数据实现基于个性化推荐的精准营销的。

步骤一：通过多种渠道全面收集用户信息

淘宝通过用户注册、网站关联方、合作伙伴等多种渠道收集用户信息，收集的用户信息类型包括以下几方面。

（1）基本信息：如个人姓名、性别、出生年月、家庭住址、单位地址、个人电话号码、电子邮箱、邮编、创建用户名和密码等。

（2）身份信息：包括身份证、驾驶证、护照、军官证等。

（3）订单信息：包括购买人和收货人的名称、收货地址、收货人电话号码等与订购相关的任何信息；在交付货物文件上的签名；网站账户与账户信息等。

（4）位置信息：包括行程信息、定位信息、住宿信息等。

（5）支付信息：包括订单支付详情、支付方式。

（6）财务信息：包括银行卡、交易和消费记录、账户余额、优惠券等。

（7）日志信息：包括 IP 地址、浏览器的类型、网站浏览记录、软件使用记录、点击记录、使用的语言、访问时间。

（8）设备信息：包括硬件型号、设备地址、操作系统类型等。

（9）来自第三方的信息：从网站关联方、合作伙伴及其他独立第三方获取的关于用户的个人信息。

步骤二：投放程序化广告，实现精准营销

首先是与第三方App达成战略合作，站外投放程序化广告。

程序化广告指广告主通过数字平台从受众的匹配的角度出发，由程序自动化完成展示类广告的采买和投放，并实时反馈投放分析的一种广告投放方式，实现了整个数字广告的自动化。例如，你在淘宝看了一个耳机的商品，关闭淘宝后，登录抖音浏览短视频，一段时间后你在抖音上接收到了一条关于耳机的广告推送，刚好是之前在淘宝看到的那条。这便是一条程序化广告。

步骤三：站内投放算法推荐广告

网络购物平台上的商品不计其数，用户的特点与偏好各不相同，要实现精准营销，必须展示符合他们个性化需求的商品。用户使用淘宝App的过程中会产生浏览、购买等行为，淘宝会对这些行为进行记录，进一步对这些数据进行分析，从中得知消费者的购物喜好、时间偏好、购物习惯等信息，进而进行个性化算法推荐广告的投放。

例如，淘宝推出的一键分享购物车功能背后就是由推荐算法支撑的，即找到与目标用户A购物喜好相似的目标用户B，将目标用户B分享的购物车内容推送至目标用户A的功能界面，帮助目标用户A找到消费目标，进而刺激其消费。

评价反馈

各组代表展示作品，介绍任务的完成过程。作品展示前准备阐述材料，并完成表3–1–5、表3–1–6和表3–1–7。

表3–1–5　学生自评表

序号	评价项目	学生自评
1	任务是否按计划时间完成	
2	相关理论学习情况	
3	任务创新情况	
4	材料上交情况	
5	收获	

表3–1–6　学生互评表

序号	评价项目	小组互评
1	任务是否按时完成	
2	材料上交情况	
3	作品质量	
4	语言表达能力	
5	小组成员合作情况	
6	是否有创新点	

表3–1–7　教师评价表

序号	评价项目	教师评价
1	学习准备情况	
2	引导问题填写情况	
3	是否规范操作	
4	完成质量	
5	关键操作要领掌握情况	
6	完成速度	
7	是否进行5S管理	
8	参与讨论的主动性	
9	沟通协作情况	
10	展示汇报情况	

学习情境相关知识点

知识点1：大数据技术概述

（一）大数据

什么是大数据？美国的一个研究机构曾经给过这样的定义：大数据是需要新处理模式才能具有更强的决策力、洞察发现力和流程优化能力的海量、高增长率和多样化的信息资产。

大数据现在已经慢慢渗透到国民的生活中，国民在生活过程中经常能接触到所谓的大数据。大数据能够承载大量的资料，同时又能够通过对数据的整合为企业的发展提供参考。除此之外，大数据对于数据的处理非常快捷，其本身所承载的资料十分庞大，能够在检索时快速给出相应信息。大数据惊人的效率能够为我国各大领域带来巨大的便捷。

（二）大数据技术

大数据技术就是在一个信息储量巨大的数据库中迅速找到相应的信息。大数据时代，大数据的发展要依托计算机、云计算等，所以这些设备也成了大数据时代的典型代表。目前，我国大数据技术的发展离不开高新设备的支持，只有在设备支持的情况下，大数据技术才能够得到更为全面的发展。

扫描右侧二维码，观看视频，进一步了解大数据。

认识大数据

知识点2：大数据技术的基本架构

大数据技术是一系列技术的总称，它集合了数据采集与传输、数据存储、数据处理与分析、数据挖掘、数据可视化等技术，是一个庞大而复杂的技术体系。根据大数据从来源到应用的流程，可以将大数据技术的基本架构分为数据采集层、数据存储层、数据处理层、数据应用层，如图3-1-1所示。

（一）数据采集层

数据采集层主要采用了大数据采集技术（见图3-1-2），实现对数据的ETL操作。ETL是英文Extract-Transform-Load的缩写，表示数据从数据来源端经过抽取（Extract）、转换（Transform）、加载（Load）到目的端。用户从数据来源端抽取出所需的数据，经过数据转换，最终按照预先定义好的数据模型，将数据加载到数据仓库中，最后对数据仓库中的数据进行数据分析和处理。数据采集是数据分析生命周期中的重要一环，它通过传感器、社交网络、移动互联网等渠道获得各种类型的结构化、半结构化及非

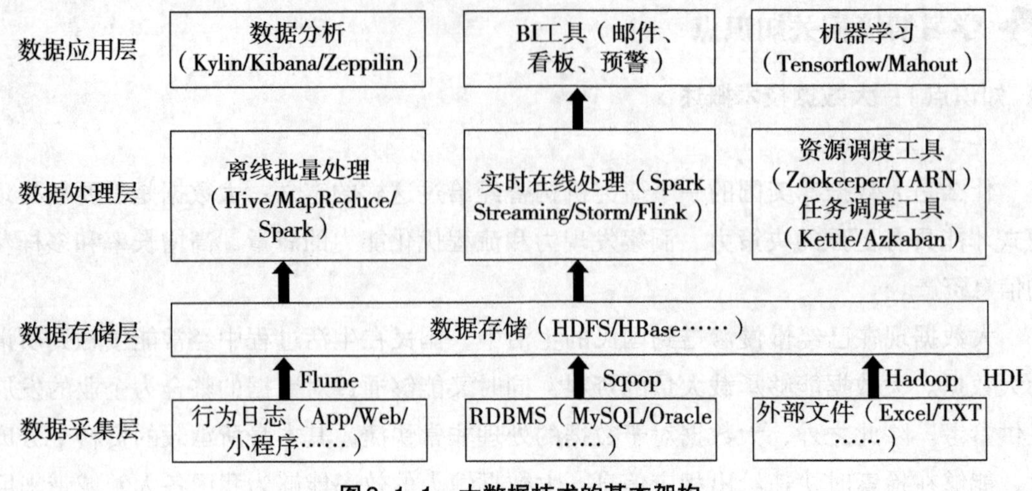

图3–1–1 大数据技术的基本架构

结构化的海量数据。在现实生活中，数据的种类很多，并且不同种类的数据产生的方式不同。数据类型主要有以下三类。

（1）互联网数据。互联网数据主要包括互联网平台上的公开信息。这类数据主要通过网络爬虫和一些网站平台提供的公共API（应用程序接口）等从网站上获取。这样可以将非结构化数据和半结构化数据的网页数据从网页中提取出来，并将提取出的数据清洗、转换成结构化的数据，并存储为统一的本地文件数据。目前常用的网络爬虫系统有Apache Nutch、Crawler4j、Scrapy等。

（2）系统日志数据。许多公司的业务平台每天都会产生大量的日志信息。从这些日志信息中，可以得到很多有价值的数据。通过对这些日志信息进行采集，然后进行数据分析，可以挖掘公司业务平台日志信息的潜在价值，为公司决策和公司后台服务器平台性能评估提供可靠的数据支撑。日志采集系统做的事情就是收集日志信息供离线和在线的实时分析。目前常用的开源日志采集系统有Flume、Scribe等。

（3）内部数据库数据。一些企业会使用传统的关系型数据库MySQL和Oracle等来存储数据。除此之外，Redis和MongoDB这样的NoSQL数据库也常用于数据的采集，企业每时每刻产生的业务数据被直接写入数据库中。

（二）数据存储层

当大量的数据采集完后，需要对大数据进行存储。数据的存储分为持久化存储和非持久化存储。持久化存储表示把数据存储在磁盘中，关机或断电后，数据依然不会丢失。非持久化存储表示把数据存储在内存中，读写速度快，但是关机或断电后，数据丢失。

对于持久化存储而言，最关键的就是文件系统和数据库系统。常见的文件系统有分布式文件系统HDFS，常见的数据库系统有分布式文件系统HDFS对应的分布式非关系型数据库系统HBase和分布式非关系型数据库系统MongoDB。

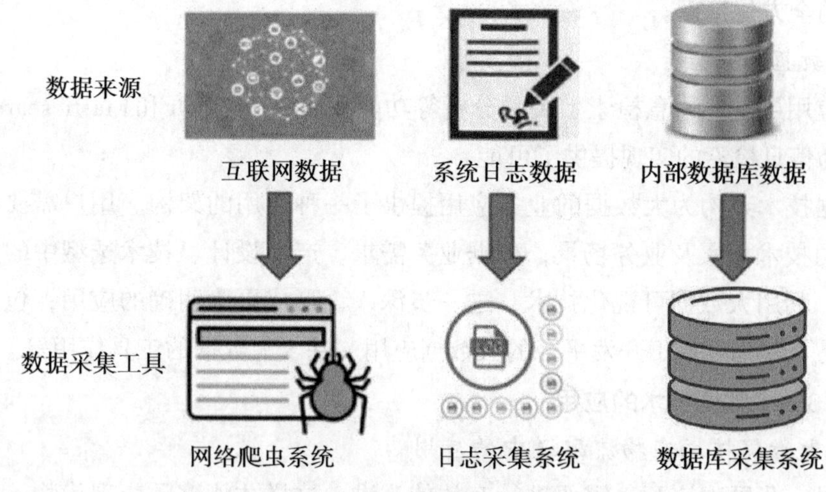

图3-1-2　大数据采集技术

而支持非持久化存储的系统包括Redis、Berkeley DB和Memcached，这些系统可为前述的存储数据库提供缓存机制，可以大幅提升系统的响应速度，降低持久化存储的压力。

（三）数据处理层

大数据处理分为在线处理（实时处理）和离线处理（批量处理）。在线处理指对实时响应要求非常高的处理，如数据库的一次查询。而离线处理是对实时响应没有要求的处理，如批量压缩文档。消息机制可以提升处理的及时性。

Hadoop的MapReduce计算是一种非常好的离线处理框架。为了提升效率，下一代的管理框架YARN和更迅速的计算框架Spark最近几年也在逐步成型之中。在此基础上，人们又研发了Hive、Pig、Impala和Spark SQL等工具，这些工具进一步简化了某些常见的查询流程。

Spark Streaming和Storm则在映射和归约的思想基础上，提供了流式计算框架，进一步提升了处理的实时性。同时可以利用ActiveMQ和Kafka这样的消息机制，将数据的变化及时推送给各个数据处理系统进行增量的更新。由于消息机制的实时性更强，通常还会与Spark Streaming、Storm这样的流式计算结合起来使用。

数据采集、数据存储和数据处理是大数据技术架构的基础设置。一般情况下，完成以上三个层次的数据工作，就已经将数据转化为基础数据，可为上层的业务应用提供支撑。但是大数据时代，数据类型多样、单位价值稀疏的特点，要求对数据进行治理和融合建模。可利用R语言、Python等对数据进行ETL预处理，然后再根据算法模型、业务模型进行融合建模，从而更好地为业务应用提供优质底层数据。

在对数据进行ETL处理和建模后，需要对获取的数据进行进一步管理，可以采用相关的数据管理工具（元数据管理工具、数据质量管理工具、数据标准管理工具等），实现数据的全方位管理。

（四）数据应用层

数据应用层具有信息检索、关联分析等功能。Lucene、Solr和Elasticsearch这样的开源项目为信息检索的实现提供了可能。

大数据技术架构为大数据的业务应用提供了一种通用的架构。用户需要根据行业领域、公司技术积累及业务场景，根据业务需求、产品设计、技术选型中的具体问题具体分析，利用大数据可视化技术，进一步深入，形成更为明确的应用，包括基于大数据的交易与共享、基于开发平台的大数据应用、基于大数据的工具应用等。

知识点3：大数据技术的应用

（一）大数据技术在物流配送中的应用

现阶段，我国物流配送需要进行有效的改进，这样才能够顺应现代物流发展的趋势。例如，现在我国一线大城市已使用无车承运台，该平台的工作效率极高，能够迅速对相应的物流地区进行匹配，匹配完成之后通过分析生成一条物流线路，生成的物流线路在节省运送时间的同时也提高了工作人员的工作效率。大数据技术应用于物流配送方面时，不仅能有效提高运输效率，还能在运输过程中进行精准定位，以便为顾客提供最准确的物流消息。除此之外，大数据技术还能对运输过程中的路况及环境进行监测，对于突发状况等能够给予相应的解决方案，有效提高运输过程中的运输效率。

（二）大数据技术在物流仓储中的应用

物流企业的储运货量巨大，仅靠人工的力量完全无法快速完成工作，同时人工也不能准确地对全国的物流网络进行分析，进而确定相关的运输线路。所以，大数据技术应用到物流仓储中，能够有效解决现阶段仓储中所面临的困难。大数据技术能帮助物流企业对当前市场进行深入剖析，对相应的货物进行准确补充，提升物流服务水平。

（三）大数据技术在物流运作管理中的应用

现阶段，大数据技术在物流运作管理中的主要作用就是提高物流行业的运输效率。大数据技术的优势是能对物流中的相关信息进行准确分析，有效加强物流运输的效率。除此之外，大数据技术还能够帮助物流企业匹配相应的运输线路，进而减少物流工作人员的工作量。使用大数据技术对信息进行整理，这样既能帮助企业不断地进行升级转型，又能加强企业与企业之间的联系，有效提高企业内部信息的运转效率，进而让我国物流企业的发展更为快速。

在企业的物流运作管理中，大数据技术能有效提高其运行效能。这主要有以下几方面的原因。

（1）大数据技术能对数据进行深入研究，为企业提供具有巨大价值的信息。

（2）大数据技术所构造的平台功能慢慢趋于多样化，带领物流企业向更高端的方向发展。

（3）管理人员能应用相应的大数据技术来保障物流信息的准确性，从而让我国物流企业的运输效率与运输过程不断优化，以此来加强物流行业的运行效能。

任务二　录入、转换和传送EDI单证

学习情境描述

因为标准格式，不同的文件得以通信和编译，从而实现电子数据交换（Electronic Data Interchange，EDI）。

小威在进入极速物流有限公司实习后，被分配在公司的信息管理部门，由导师陆超（主管信息系统的经理）带其了解物流信息管理工作，小威完成大数据技术的相关学习后，导师陆超安排小威了解电子数据交换技术，并下载港航EDI Express应用操作软件，依据图3-2-1所示装箱单，完成EDI单证的录入、转换和传送。

<table>
<tr><td colspan="6">装　箱　单</td><td>箱号
Cntr No.</td><td>CBHU0168193</td></tr>
<tr><td colspan="6">CONTAINER LOAD PLAN</td><td>封号
Seal No.</td><td>5371605</td></tr>
<tr><td>船名
Vessel</td><td>ASTAN STAR</td><td>船次
Voy</td><td>14AE</td><td>目的港
Destination</td><td>FUKUYAMA</td><td rowspan="2">集装箱规格
Cntr Type</td><td rowspan="2">22G1</td></tr>
<tr><td colspan="6"></td></tr>
<tr><td>提单号
B/L No.</td><td>标记和号码
Marks & Numbers</td><td>件数及包装种类
No.&Kind of Pkgs</td><td>货名
Description of Goods</td><td>毛重
G.W（kgs）</td><td>整箱重
Container G.W（kgs）</td><td>尺码（立方米）
Measurement（cu.m）</td><td>收货人及通知人
Consignees & Notify Party</td></tr>
<tr><td>CBL 080630</td><td></td><td>30CT</td><td></td><td>300kgs</td><td></td><td>100</td><td></td></tr>
<tr><td>装箱地点
Loading Spot</td><td>市内</td><td>装箱日期
Loading Date</td><td colspan="2">20080630</td><td>发货人
Shipper</td><td colspan="2"></td></tr>
</table>

图3-2-1　装箱单

学习目标

1. 了解EDI的概念、特点及分类。
2. 熟悉EDI系统的构成要素。
3. 熟悉EDI标准的概念及内容。
4. 掌握EDI的工作原理及其工作流程。
5. 能够完成EDI单证的录入、转换和传送。

任务书

完成任务单（见表3–2–1）中的任务。

表3–2–1　任务单

专业班组		班长		日期	
任务：EDI单证的录入、转换和传送					
检查意见：					
签章：					

任务分组

学生按要求自行分组并填写任务分配表（见表3–2–2）。

表3–2–2　任务分配表

班级		组号		指导教师	
组长		学号			
组员	姓名			学号	

（续表）

任务分工	

获取信息

本学习任务需要掌握的内容包括EDI的含义、特点、工作流程及EDI在物流行业中的应用情况等，学习前需要收集相关资料。

引导问题1：什么是EDI？它的特点是什么？

小提示

由于企业应用EDI技术的领域与实施EDI技术所达到的目的不同，EDI的定义也不统一。EDI的含义及特点可以通过扫描右侧的二维码查看。

EDI的含义及特点

引导问题2：扫描右侧的二维码，阅读案例，简述EDI的工作原理。

汽车工业的EDI系统

扫描右侧二维码，了解EDI的工作原理与工作流程。

EDI的工作原理与工作流程

引导问题3：EDI技术应用案例收集及分析。

通过网络等渠道搜索信息，查找EDI技术在物流各个领域中应用的案例（至少2个），分析案例，并将分析结果填入表3-2-3。

表3-2-3 EDI技术应用案例收集

序号	EDI技术应用企业名称	所属领域	具体应用情况	EDI技术给企业带来的效益
1				
2				
3				
…				

工作计划

（1）下载港航EDI Express应用操作软件。

（2）完成EDI单证的制作。

（3）按照收集资讯和决策的过程，确定EDI单证的制作步骤，并填写表3-2-4和表3-2-5。

表3-2-4 EDI单证的制作步骤

步骤	工作内容	负责人
1		
2		
3		
4		
5		
6		
7		
8		

表3-2-5　　　　　　　　　　　器材清单

序号	名称	类型与规格	单位	数量	备注

进行决策

教师带领学生完成港航EDI Express 应用操作软件的下载和安装，熟悉软件的操作。EDI Express操作界面如图3-2-2所示。

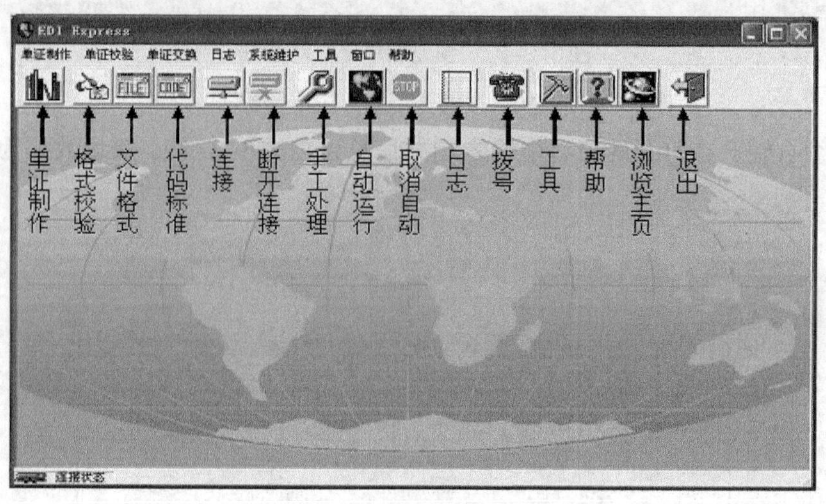

图3-2-2　EDI Express操作界面

教师带领学生查阅相关资料，完成EDI单证的录入、转换和传送过程。

步骤一：单证制作

（1）选择“单证制作”菜单中的“新建”命令，弹出“创建新单证”对话框。

（2）在弹出的对话框中选择要制作的单证类型，进入相应的单证制作窗口。以创建装箱单报文为例，双击“COSTCO 装箱单报文”即可进入单证制作窗口，如图3-2-3所示。

（3）输入单证内容。输入界面以箱号为关键字段，同一箱号下可以输入多票提单。输入数据时，请注意使用标准化代码。如有补充信息，点击“补充信息”按钮或按

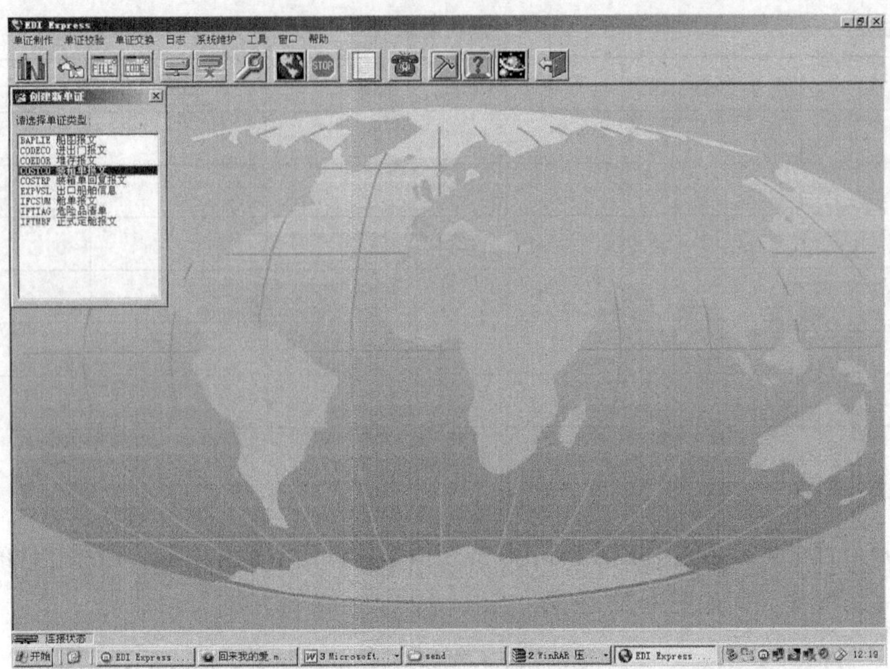

图3-2-3 “创建新单证”对话框

“Ctrl+Z”组合键，在打开的窗口中输入相关信息（见图3-2-4），所填数据为实验数据（见图3-2-1）。

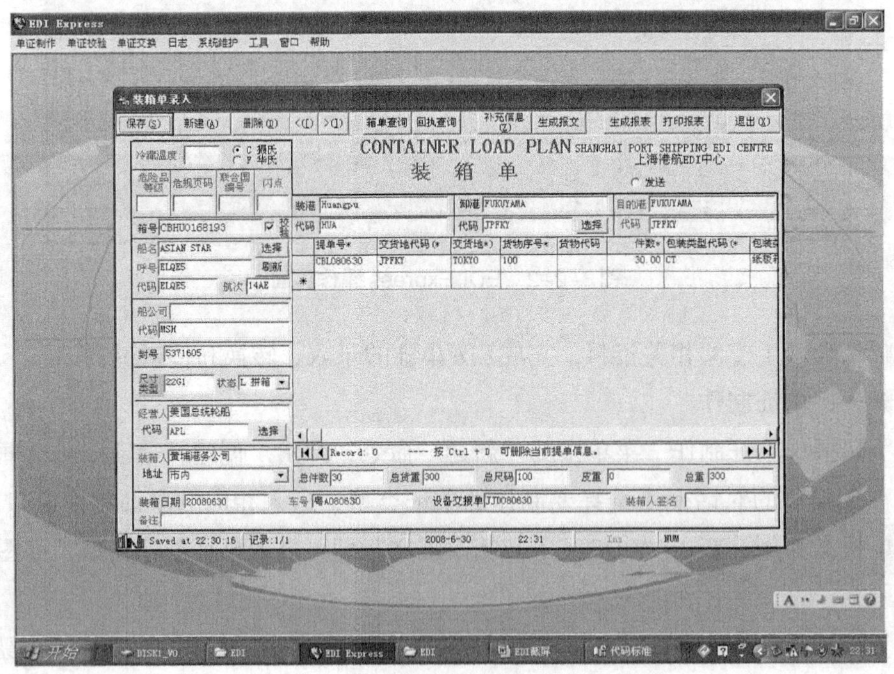

图3-2-4 单证内容输入示意图（仅作参考）

（4）保存单证。单证内容输入完整后即可点击“保存”按钮或按“Ctrl+S”组合键保存单证。若单证必选内容没有输入，系统会弹出提示信息，提示输入必选内容。要输入下一个箱子的装箱信息，可点击“新建”按钮或按“Ctrl+A”组合键。

（5）生成报文。制作好的单证以EDI报文的形式发送出去。软件EDI Express具备将单证转化成标准的EDI报文的功能。EDI报文可以在输入完一个箱子的装箱信息后生成，也可以输入完所有数据后统一生成。

①装箱单的数据信息输入完毕后，点击“生成报文”按钮，生成EDI报文。文件保存到先前系统参数设置时的发送目录下，文件名为“COSTO.*”。

②选择“船名/航次”，自动生成报文头信息。报文还可以发送给多个接收方，若要将此报文发送给多个接收方，只需在“其他接收方”后的编辑栏中选择用户即可。

步骤二：单证校验

单证校验是软件EDI Express的重要功能之一。为了保证接收方能正确处理报文，对文件进行格式校验是十分必要的。软件可以在以下两个地方实现校验功能。

（1）选择“单证校验”菜单的“格式校验”命令或点击工具栏的“格式校验”按钮，均可实现校验功能。

①选择“格式校验”命令或点击“格式校验”按钮，弹出“文件选择”对话框。

②选择要校验的报文进行校验。

③显示校验结果。

④查看校验结果。

（2）在“手工处理”窗口进行校验。

①选择“手工处理”命令，打开“手工处理”窗口。

②在“手工处理”窗口中将“校验”前面的复选框选中，选择要发送的报文，在报文发送之前对它进行校验。

步骤三：单证交换

单证交换是报文发送传输的过程，有以下几个步骤。

（1）拨号。

用户通过拨号或专线连接到EDI中心。在拨号连接界面中，如果自动拨号参数设置为 true，系统会将“自动拨号号码簿”选择框中的信息保存起来，在系统自动运行时，系统会调用该自动拨号号码簿来拨号。注意：如果用户在自动运行时不需要断开拨号连接，可将自动拨号参数设置为false。

（2）连接。

当用户通过拨号连接到 EDI 中心时，即连接上了用户的远程目录。如果系统已设置好，用户选择“单证交换/连接”命令或点击“连接”按钮即可连接网络。连接成功后，可进行报文收发处理。选择“单证交换/断开连接”命令或点击“断开连接”按钮，将断开网络连接。

（3）报文发送。

软件EDI Express 提供了手工处理和自动处理两种传输方式。下面主要介绍自动处理的传输方式。

自动处理是指用户与EDI中心连接后，系统进入自动运行状态。当系统检测到有需要发送的报文时，将自动拨号、连接EDI中心主机、发送/接收报文及断开拨号连接。

在自动运行时，出口船舶信息刷新时间间隔为2小时，用户可以在其他模块中进行出口船舶信息刷新。自动运行开始时，系统会先完成一次出口船舶信息刷新。在自动运行时，若发生出错情况，系统不再弹出出错对话框，而是将所有信息（包括错误信息）都显示在自动运行文本框中。在自动运行时，自动运行文本框每次刷新的内容都显示在最后一行。

（4）接收回执。

EDI中心接收到报文后，会及时反馈给用户一个“Received”的回执，确认已收到报文，再过数分钟，反馈给用户另一个“Sent”的回执，确认报文的接收方已收取该报文。

（5）查看日志。

选择菜单“日志”或点击“日志”按钮，可查看数据交换日志。系统将每个收发报文的信息都存在数据库中，用户可以通过“传输日志”界面（见图3-2-5）查看数据交换的详细情况。

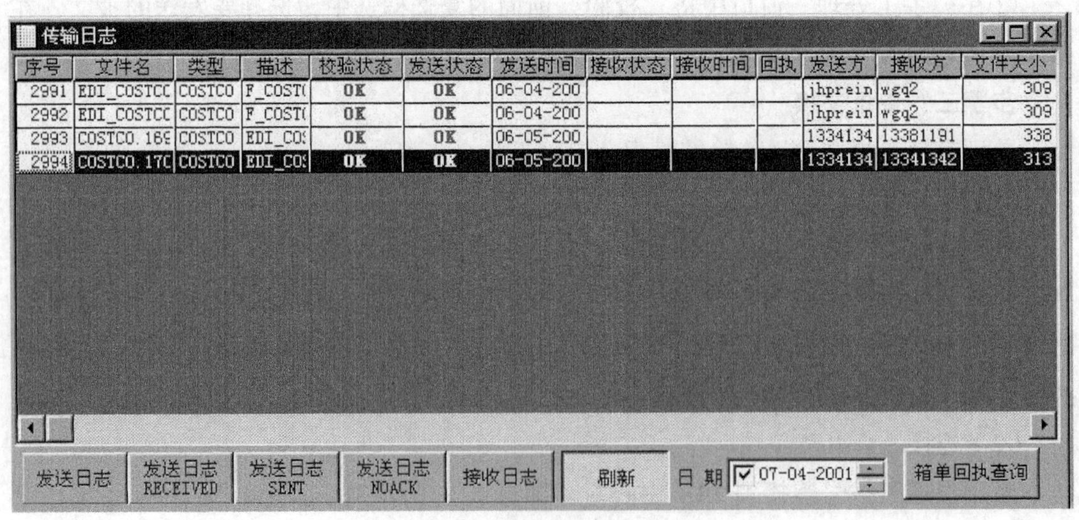

图3-2-5 “传输日志”界面

评价反馈

各组代表展示作品，介绍任务的完成过程。作品展示前准备阐述材料，并完成表3-2-6、表3-2-7和表3-2-8。

表3-2-6　学生自评表

序号	评价项目	学生自评
1	任务是否按计划时间完成	
2	相关理论学习情况	
3	任务创新情况	
4	材料上交情况	
5	收获	

表3-2-7　学生互评表

序号	评价项目	小组互评
1	任务是否按时完成	
2	材料上交情况	
3	作品质量	
4	语言表达能力	
5	小组成员合作情况	
6	是否有创新点	

表3-2-8　教师评价表

序号	评价项目	教师评价
1	学习准备情况	
2	引导问题填写情况	
3	是否规范操作	
4	完成质量	
5	关键操作要领掌握情况	
6	完成速度	
7	是否进行5S管理	
8	参与讨论的主动性	
9	沟通协作情况	
10	展示汇报情况	

学习情境相关知识点

知识点1：EDI的分类

（一）按EDI的功能分类

按EDI的功能分类，EDI可分为订货信息系统、电子金融汇兑系统、交换式应答系统和带有图形资料自动传输的EDI。

1. 订货信息系统

订货信息系统又称为贸易数据互换系统，它用电子数据文件来传输订单、发货单和各类通知等。

2. 电子金融汇兑系统

电子金融汇兑系统可在银行和其他组织之间实行电子费用汇兑。电子金融汇兑系统已使用多年，但它仍在不断改进中。最大的改进是同订货系统联系起来，形成一个自动化水平更高的系统。

3. 交换式应答系统

交换式应答系统应用在旅行社或航空公司作为机票预订系统。这种系统在应用时要查询到达某一目的地的航班，要求显示航班的时间、票价和其他信息，然后根据旅客的要求确定所要的航班，打印机票。

4. 带有图形资料自动传输的EDI

最常见的带有图形资料自动传输的EDI是计算机辅助设计（CAD）图形的自动传输系统。比如，设计公司完成了一个厂房的平面布置图，将平面布置图传输给厂房的主人，请厂房的主人提出修改意见。一旦该设计被认可，系统将自动输出订单，发出购买建筑材料的报告，在收到这些建筑材料后，自动开出收据。如美国的一个厨房用品制造公司，在计算机上用CAD软件设计厨房的平面布置图，再用这类EDI传输设计图纸、订货信息、收据等。

（二）按EDI的运作形式分类

按EDI的运作形式分类，EDI可分为封闭式EDI、开放式EDI、交互式EDI和以Internet为基础的EDI。

1. 封闭式EDI

封闭式EDI指由于不同地区、不同行业实施EDI所采用的标准和协议内容不同，彼此处于封闭状态的EDI。封闭式EDI必须通过商业伙伴之间预先约定的协议来完成。

2. 开放式EDI

开放式EDI指使用公共的、非专用的标准，以跨时域、跨商域、跨现行技术系统和跨数据类型的交互性操作为目的的EDI。

3. 交互式EDI

交互式EDI指两台计算机之间连续不断地以询问和应答的形式，经过预定义和结构化的自动数据交换达到对不同信息的自动实时反应的EDI。

4. 以Internet为基础的EDI

以Internet为基础的EDI指EDI交易信息经过加密压缩后作为电子邮件的附件在网上传输的EDI。

知识点2：EDI标准

（一）EDI标准的概念

EDI标准指由各企业、各地区代表共同讨论并制定的关于EDI的共同标准，可以使各组织之间的不同文件格式，通过共同的标准达到彼此之间文件交换的目的。

EDI标准由数据元、段和EDI标准报文格式三个要素构成。其中，数据元是构成信息的基本单元；段是逻辑相关的系列数据元按规定顺序排列的组合；EDI标准报文格式是EDI的主体，由平面文件翻译转换而来。这三个要素之间的关系如图3-2-6所示。

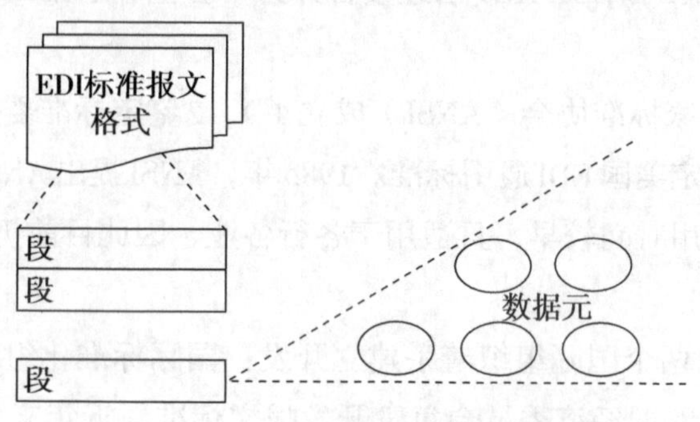

图3-2-6　EDI标准三个要素之间的关系

小提示

平面文件指除去了所有特定应用（程序）格式的电子记录，这种记录可以是数据迁移到其他的应用软件上进行处理的记录。

（二）EDI标准的内容

标准化的工作是实现EDI互通和互联的前提和基础。EDI标准包括EDI网络通信标准、EDI处理标准、EDI联系标准和EDI语义语法标准。

1.EDI网络通信标准

计算机网络通信是EDI得以实现的必备条件，EDI网络通信标准则是顺利传输和以EDI方式发送或接收数据的基本保证。目前国际上主要采用MHX（X.400）作为EDI通信网络协议，以解决EDI的支撑环境。

2.EDI处理标准

EDI处理标准指研究不同地域、不同行业的各种EDI报文的标准，它与数据库、管理信息系统等的接口有关。

3.EDI联系标准

EDI联系标准解决EDI用户所属的其他信息管理系统或数据库与EDI系统之间的接口问题。

4.EDI语义语法标准

EDI语义语法标准又称EDI报文标准，是EDI技术的核心。EDI语义语法标准主要解决各种报文类型格式、数据元编码、字符集、语法规则及报表生成应用程序设计语言等的相关问题。

（三）EDI通用标准

目前，世界上通用的EDI标准有两个：一个是ANSI X.12标准；另一个是EDIFACT标准。现在，ANSI X.12和EDIFACT已经被合并为一套世界通用的EDI标准。

1.ANSI X.12

1980年，美国国家标准协会（ANSI）成立了X.12鉴定标准委员会，X.12鉴定标准委员会负责开发和制定美国EDI通用标准。1985年，ANSI提出ANSI X.12系列标准。由于该标准的开发和应用时间较早，且适用于各行各业，因此目前仍在北美地区流行。

2.EDIFACT

EDIFACT标准由两个国际组织着手建立开发：国际标准化组织负责开发语法规则和数据字典；联合国欧洲经济委员会负责开发报文标准。近年来，EDIFACT标准已被作为事实上的EDI国际标准。

EDIFACT标准由一系列涉及EDI的标准、指南、规则、目录和标准报文组成，具体包括以下8个方面的内容。

（1）EDIFACT应用级语法规则。

（2）EDIFACT报文设计指南。

（3）EDIFACT应用级语法规则实施指南。

（4）EDIFACT数据元目录。

（5）EDIFACT代码目录。

（6）EDIFACT复合数据元目录。

（7）EDIFACT段目录。

（8）EDIFACT标准报文目录。

知识点3：EDI系统的组成

（一）EDI系统的构成要素

EDI系统由数据标准、EDI软件及硬件和通信网络组成。

1. 数据标准

数据标准明确规定了进行电子事务处理的数据格式和内容，定义了一个在不同部门、不同公司、不同行业和不同国家之间传递信息的通用标准。目前，大部分国家都把EDIFACT作为交换EDI数据的标准，这样，EDI用户可以在全球范围内交换有关的事务处理资料。

2. EDI软件及硬件

（1）EDI软件。

EDI软件可以将用户数据库系统中的信息转换为EDI标准格式，以方便EDI数据的传输和交换。EDI系统中常用的软件有转换软件、翻译软件和通信软件。

①转换软件。它可以帮助用户将原有计算机系统的文件转换成翻译软件能够理解的平面文件，或是将翻译软件接收到的平面文件转换成原有计算机系统中的文件。

②翻译软件。翻译软件可以将平面文件翻译成EDI标准文件，或将接收到的EDI标准文件翻译成平面文件。

③通信软件。通信软件可以在EDI标准格式的文件外层加上通信信封，再传送到EDI系统交换中心的邮箱，或由EDI系统交换中心将接收到的文件取回。

EDI软件结构如图3-2-7所示。

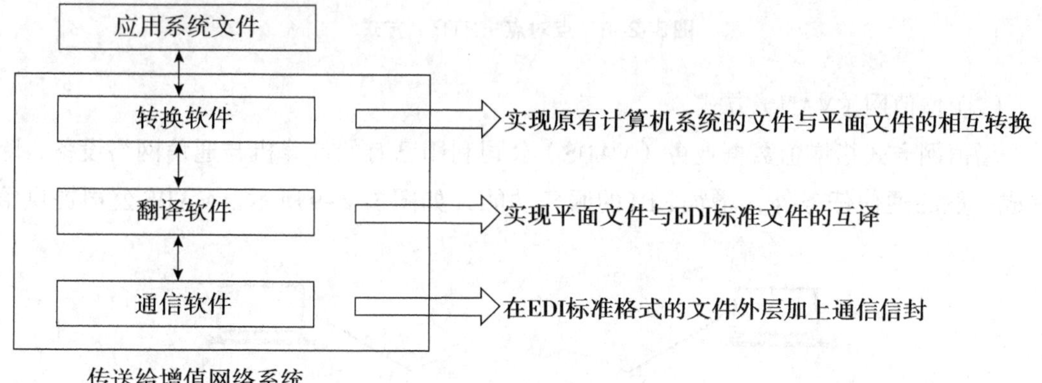

图3-2-7　EDI软件结构

（2）EDI硬件。

EDI硬件包括计算机、调制解调器和通信线路等。

①计算机。它是存储和处理EDI硬件数据的主要设备，各种类型的计算机都可在

EDI系统中使用。

②调制解调器。它用来进行模拟信号和数字信号之间的转换。用户可根据实际传输速度的需求选择合适型号的调制解调器。

③通信线路。它是保证信息传递的通路。最常用的通信线路是由通信部门提供的通信公网，如果用户对传输时效和传输流量有特殊要求，可考虑租用数字数据网（Digital Data Network，DDN）专线。

3.通信网络

通信网络是实现EDI的手段。各种数据通信网络（公用电话网、专用网、分组交换网等）都可用于构成EDI的网络环境。EDI的通信方式主要有以下三种。

（1）点对点（PTP）方式。

点对点方式即EDI按照约定的格式，通过通信网络进行信息的传递和终端处理，完成相互的业务交往的方式，如图3-2-8所示。早期的EDI通信一般都采用此方式，但它有许多缺点，如当EDI用户的贸易伙伴不再是几个，而是几十个甚至几百个时，这种方式很费时间，会进行许多重复发送。同时这种通信方式是同步的，不适合用于跨国家、跨行业之间的通信。

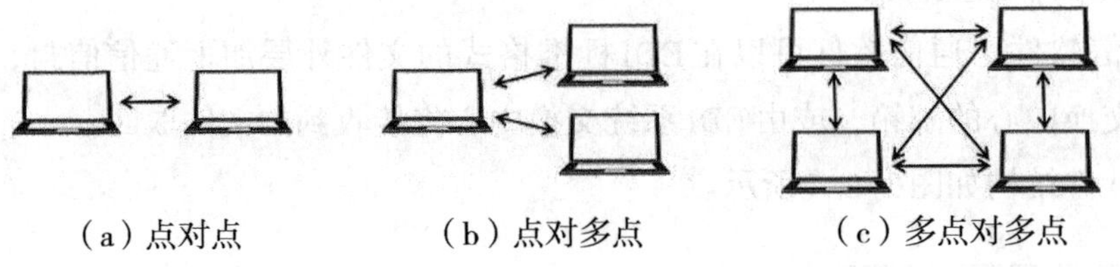

（a）点对点　（b）点对多点　（c）多点对多点

图3-2-8　点对点（PTP）方式

（2）增值网（VAN）方式。

增值网方式指增值数据业务（VADS）公司利用已有的计算机与通信网络设备，除完成一般的通信任务外，增加EDI的服务功能，如图3-2-9所示。VADS公司提供给

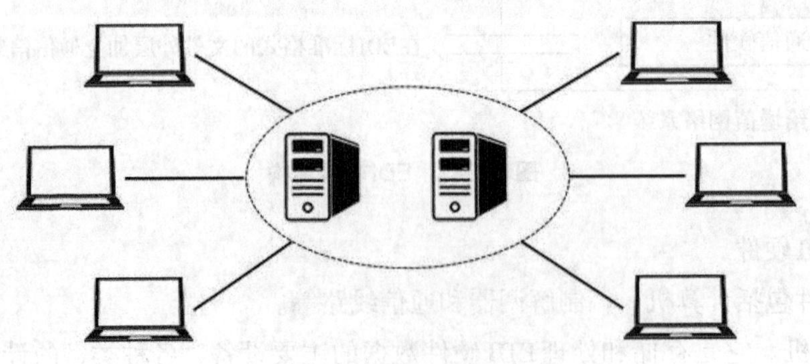

图3-2-9　增值网（VAN）方式

EDI用户的服务主要是租用信箱及协议转换，后者对用户是透明的。信箱的引入实现了EDI通信的异步性，提高了效率，降低了通信费用。另外，EDI报文在VADS公司自己的系统（VAN）中的传递也是异步的，即存储转发的。

增值网方式尽管有许多优点，但因为各增值网的EDI服务功能不尽相同，增值网系统并不能互通，从而限制了跨地区、跨行业的全球性应用。同时，此方式还有一个致命的缺点，即增值网只实现了计算机网络的下层通信，这里的下层相当于开放系统互联（OSI）通信参考模型的下三层。而EDI通信往往发生在各种计算机的应用进程之间，这就决定了EDI应用进程与增值网的联系相当松散，效率很低。

（3）消息处理系统（MHS）方式。

消息处理系统是有关国际电子邮件服务系统的功能模型。MHS是以存储转发为基础的、非实时的电子通信系统，非常适合作为EDI的传输系统。

MHS为EDI创造一个完善的应用软件平台，减少了EDI设计开发上的技术难度和工作量。EDI与MHS互联，可将EDI报文直接放入MHS的电子信箱中，利用MHS的地址功能和文电传输服务功能，实现EDI报文的传送。

（二）EDI系统的功能模块

EDI系统所交换的报文都是结构化的数据，整个工作过程都是由EDI系统完成的。EDI系统的功能模块由用户接口模块、内部接口模块、报文生成及处理模块、格式转换模块和通信模块组成，如图3-2-10所示。

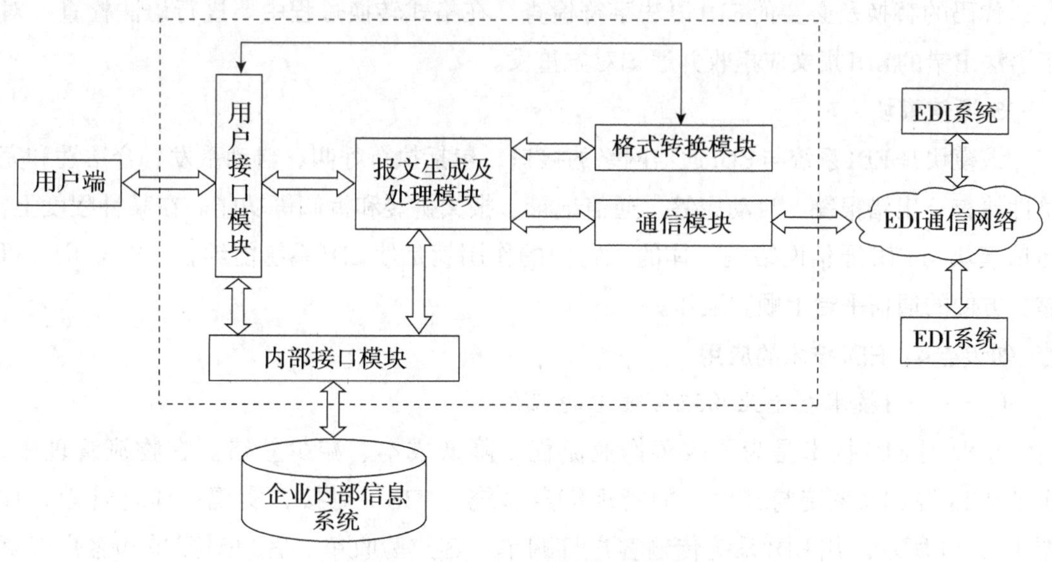

图3-2-10　EDI系统的功能模块

1. 用户接口模块

用户接口模块也称联系模块，其主要功能是为EDI用户提供良好的接口和人机界面，业务管理人员可通过该模块进行输入、查询、统计、中断、打印等操作，以便及时了解市场变化，调整应对策略。

2.内部接口模块

内部接口模块是连接EDI系统与企业内部其他信息系统或数据库的接口。企业的信息系统应用程度越高，内部接口也就越复杂。一份来自外部的EDI报文，经过EDI系统处理之后，大部分相关内容都需要经过内部接口模块送往其他信息系统，或查询其他信息系统才能给对方EDI报文以确认的答复。

3.报文生成及处理模块

该模块具有以下两个功能。

（1）接收来自用户接口模块和内部接口模块的命令和信息，按照EDI标准生成订单、发票等各种EDI报文和单证，EDI报文和单证经格式转换模块处理之后，由通信模块经EDI通信网络发给其他EDI用户。

（2）自动处理其他EDI系统发来的报文。在处理过程中要与企业内部信息系统相连，以便获取必要的信息并给其他EDI系统答复，同时将有关信息传递给企业内部其他信息系统。如因特殊情况不能满足对方的要求，经双方EDI系统多次交涉后仍不能妥善解决时，则把这一类事件提交用户接口模块，由人工干预决策。

4.格式转换模块

所有的EDI单证都必须转换成标准的交换格式，转换过程包括语法上的压缩、嵌套，代码的替换及必要的EDI语法字符检查。在格式转换过程中要进行语法检查，对于语法出错的EDI报文应拒收并通知对方重发。

5.通信模块

该模块是EDI系统与EDI通信网络的接口，包括执行呼叫、自动重发、合法性和完整性检查、出错报警、自动应答、通信记录、报文拼装和拆卸等功能。在某种程度上，通信模块与EDI通信网络是一体的，它们的作用就是使EDI系统能够在一个安全、可靠、方便的通信平台上顺利运作。

知识点4：EDI技术的应用

（一）EDI技术在企业物流管理中的应用

企业用EDI技术是为了改善作业流程、降低成本、减少差错。在物流管理中，企业可以将EDI系统与其内部的管理信息系统（MIS）对接，实现一体化管理，如图3-2-11所示。用EDI系统传输客户订购单、客户验收单、客户对账单和客户退货单等格式化的单据，可以使企业内部实现信息共享，从而提高物流效率，降低物流成本。

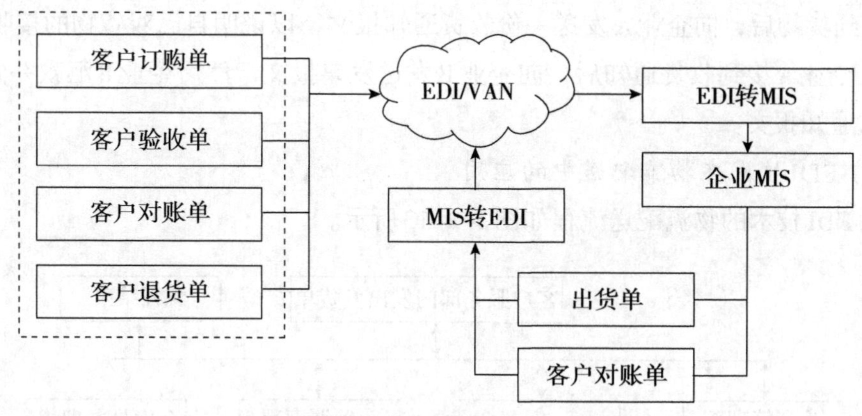

图3-2-11　EDI系统与MIS对接

（二）EDI技术在供应链管理中的应用

EDI技术可以使供应链上的不同企业能相互传递信息。这里，假设企业A是供应商，企业B是客户，则企业A与企业B通过EDI系统进行交易的过程如图3-2-12所示。

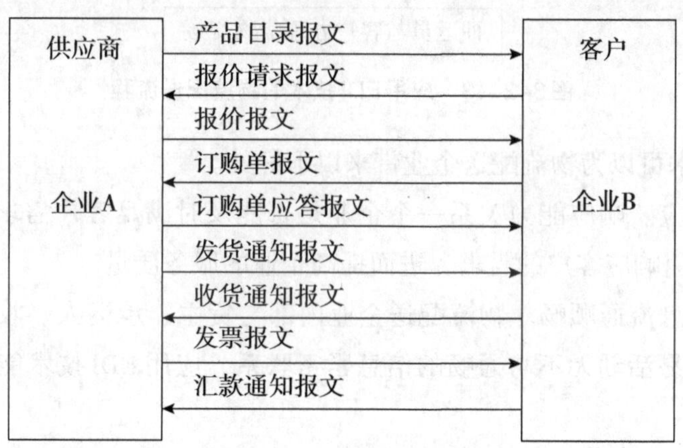

图3-2-12　企业A与企业B通过EDI系统进行交易的过程

由图3-2-12可知，企业A与企业B之间的交易过程如下。

（1）企业A通过EDI系统将其产品的有关信息发送给企业B，若企业B对企业A的某种产品感兴趣，想了解企业A的产品价格与交货条件等具体信息，可以向企业A发送一份报价请求报文。

（2）企业A以报价报文来回答企业B，若企业B可以接受企业A的报价条件，就可以向企业A发送一份订购单报文。

（3）企业A向企业B发送订购单应答报文，并且企业A立即开始备货，货物备齐后给企业B发货。

（4）为了预先将发货信息传送给企业B，企业A向企业B发送一份发货通知报文，企业B收到货物后，向企业A发送一份收货通知报文，以说明自己对货物的接收情况。

（5）企业A接到收货通知后，向企业B发送发票报文，然后企业B汇款并向企业A发送汇款通知报文。

（三）EDI技术在物流配送中的应用

应用EDI技术的物流配送流程如图3-2-13所示。

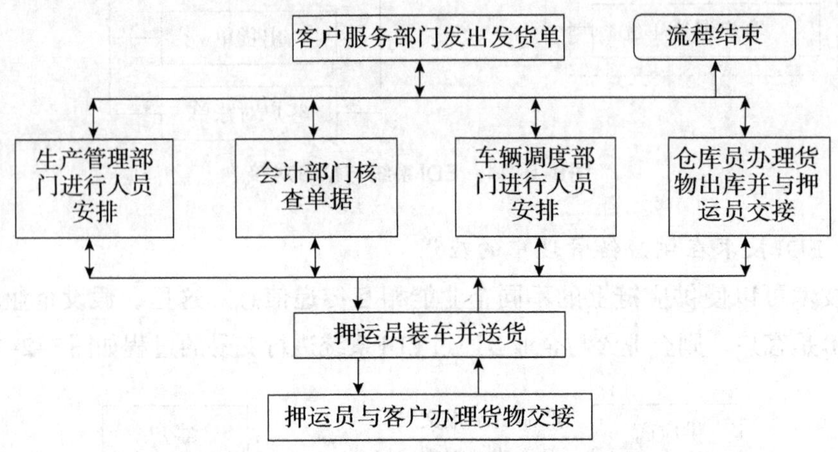

图3-2-13 应用EDI技术的物流配送流程

应用EDI技术可以为物流配送企业带来以下好处。

（1）快速响应。响应能力关系一个企业是否能及时满足客户需求。应用EDI技术后，企业可以快速响应客户的需求，进而提高企业的服务质量。

（2）保持信息流通顺畅。物流配送企业内部与货主、承运人、收货人等之间的信息交换和商业交易活动无不与通畅的信息紧密联系，应用EDI技术能够实现信息流通顺畅。

（3）保证信息的完整性。应用EDI技术进行信息交换，能够保证信息的完整性和充分性，实现信息的最小变异。此外，物流配送过程中运用EDI技术，使用EDI报文进行内部信息的标准化传输，可以减少人工输入的失误。

（四）EDI技术在国际物流中的应用

国际物流指在两个或两个以上国家（地区）之间所进行的物流。国际物流涉及货物出入境管理，因此与海关、商检等部门联系密切。随着国际物流对标准化作业的要求不断提高，EDI技术在这些部门得到了广泛的应用。

1.EDI技术在海关中的应用

海关作为国家进出口贸易的监督管理部门，是连接贸易、运输、银行、保险等行业，以及外经贸、商检等部门的纽带，也是对大量经贸信息进行处理和传输的中枢和接收端。下面以中国海关的EDI通关系统为例，说明EDI技术在海关中的应用情况。

中国海关的EDI通关系统指供海关对象之间交换和处理通关文件，完成整个通关过程的应用系统。EDI通关系统涉及进出口货物的报关、审单、征税、放行等通关环节，以及报关行、金融单位、仓储和运输企业等企事业单位。EDI通关既可全部采用EDI申报，也允许EDI申报和人工申报两种方式共存。

EDI通关系统可以为报关单位和海关带来好处。对报关单位而言，它可以大大节省时间，降低费用，免除因现场报关而造成的旅途劳累和排队等候之苦，从而提高办事效率；对海关而言，它可以使海关人员有足够的时间来处理进出口报关单证，降低出错率，从而提高工作效率。

2.EDI技术在商检中的应用

EDI技术在商检中的应用主要包括为外贸公司提供商检所需的原产地证书的EDI申请和签证，其应用流程如图3-2-14所示。

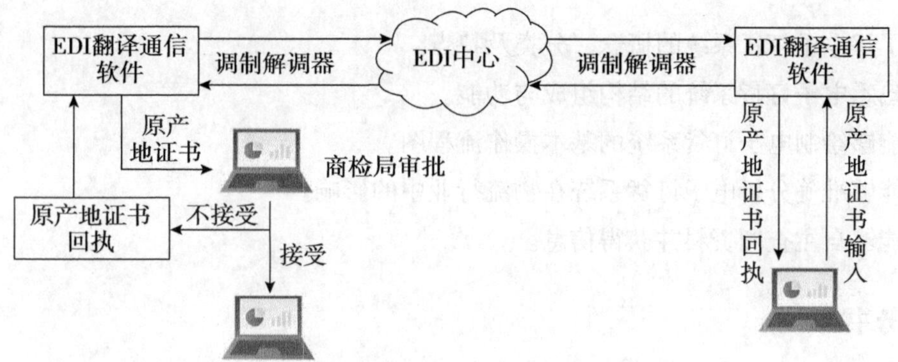

图3-2-14　EDI技术在商检中的应用流程

小提示

外贸公司可通过EDI的方式与商检局进行一般原产地证书的电子单证传输，无须再为一般原产地证书的签发和审核来回奔波，大大节约了时间和费用。而对于商检局而言，应用EDI单证审批系统，不仅可以减轻商检局录入数据的负担，避免了手工录入出错，也便于对各种单证进行统一管理。

任务三　模拟电子订货系统的基本操作

学习情境描述

网络时代，如果想要有效管理企业的供货、库存等，供应商想要及时补足售出商品的数量，电子订货系统（Electronic Ordering System，EOS）可以提供良好的解决方案。

极速物流有限公司正在帮助荣华连锁超市进行电子订货系统的升级。导师陆超要求小威自主学习电子订货系统的相关知识，思考电子订货系统如何帮助荣华连锁超市更好地安排生产计划、采购计划和供货计划，并模拟电子订货系统的基本操作流程。

学习目标

1. 了解电子订货系统的概念、分类及特点。
2. 熟悉电子订货系统的结构组成与功能。
3. 能够绘制电子订货系统的基本操作流程图。
4. 能够准确分析电子订货系统在物流行业中的影响。
5. 能够自主查阅资料并获得信息。

任务书

完成任务单（见表3–3–1）中的任务。

表3–3–1　任务单

专业班组		班长		日期	
任务：模拟电子订货系统的基本操作流程					
检查意见：					
签章：					

任务分组

学生按要求自行分组并填写任务分配表（见表3-3-2）。

表3-3-2　　　　　　　　　　　　　任务分配表

<table>
<tr><td>班级</td><td></td><td>组号</td><td></td><td>指导教师</td><td></td></tr>
<tr><td>组长</td><td></td><td>学号</td><td colspan="3"></td></tr>
<tr><td rowspan="6">组员</td><td colspan="2">姓名</td><td colspan="3">学号</td></tr>
<tr><td colspan="2"></td><td colspan="3"></td></tr>
<tr><td colspan="2"></td><td colspan="3"></td></tr>
<tr><td colspan="2"></td><td colspan="3"></td></tr>
<tr><td colspan="2"></td><td colspan="3"></td></tr>
<tr><td colspan="2"></td><td colspan="3"></td></tr>
<tr><td>任务分工</td><td colspan="5"></td></tr>
</table>

获取信息

本学习任务需要掌握的内容包括电子订货系统的含义、特点、基本操作流程及在物流行业中的应用情况等，学习前需要收集相关资料。

引导问题1：什么是电子订货系统？它有哪些分类？

引导问题2：请用自己的话简单描述电子订货系统的特点。

引导问题3：电子订货系统主要由哪些部分组成？

____

____

____

____

____

小提示

对于电子订货系统的配置，就零售店而言，只要配备了终端机和货价卡（或订货簿），再配上电话和数据机，就可以说是一套完整的电子订货系统。就供应商来说，凡能接收门店通过数据机传送过来的订货信息，并可利用终端机直接做订单处理，打印出货单和拣货单，就可以说已具备电子订货系统的功能。但就整个社会而言，标准的电子订货系统绝不是“一对一”的格局，即并非单个的零售商与单个的供应商组成的系统，而是“多对多”的整体运作，即许多零售商和许多供应商组成的大系统的整体运作系统（见图3–3–1）。

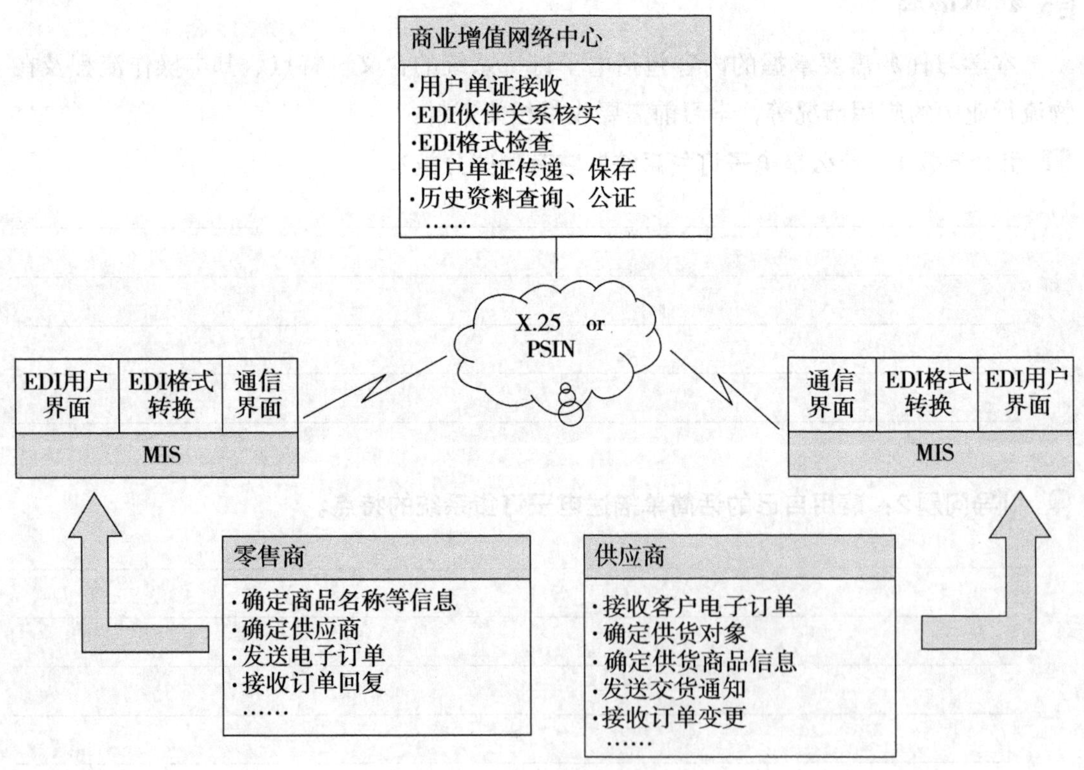

图3–3–1　电子订货系统的构成

引导问题4：分别从以下三类角色出发，谈一谈电子订货系统的运作方式，并填写表3-3-3。

表3-3-3　　电子订货系统的运作方式

分类	运作方式
零售商	
商业增值网络中心	
供应商	

引导问题5：扫描右侧二维码，阅读案例，思考电子订货系统对物流管理有哪些影响？

陕西汉禾电子商务公司EOS应用案例

小提示

（1）陕西汉禾电子商务公司主要存在哪些问题？

（2）易订货EOS应用的效果如何？

（3）除了易订货EOS，你还知道其他类似这样的订货系统吗？

工作计划

按照收集资讯和决策的过程，制定模拟操作EOS的工作方案，并填写表3-3-4和表3-3-5。

表3–3–4　模拟操作EOS的工作方案

步骤	工作内容	负责人
1		
2		
3		
4		
5		
6		
7		
8		

表3–3–5　器材清单

序号	名称	类型与规格	单位	数量	备注

进行决策

教师带领学生，查阅相关资料，并做好工作安排，讨论分析结果，制订详细计划。

1. 电子订货系统基本操作流程（见图3–3–2）

（1）在零售商店利用条码阅读器获取准备采购的商品条码，并在终端机上输入订货资料，通过调制解调器传给批发商的计算机。

（2）批发商开出提货传票，并根据提货传票开出拣货单，实施拣货，然后根据送货传票进行商品发货。

（3）送货传票上的资料便成为零售商店的应付账款资料及批发商的应收账款资料，并传到应收账款的系统中。

（4）零售商店对送到的货物进行检验后，就可以陈列出售了。

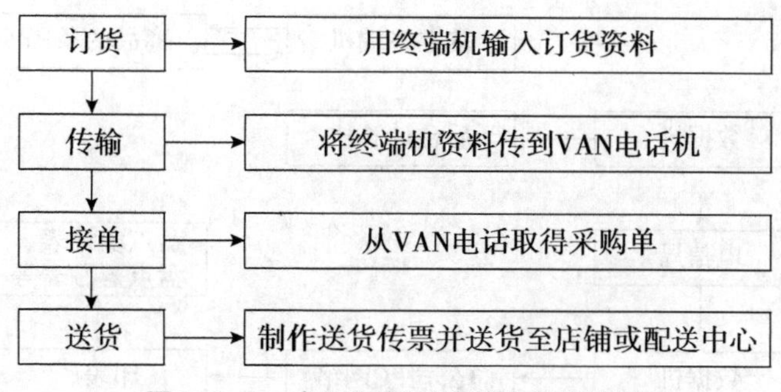

图3-3-2　电子订货系统基本操作流程

2. 电子订货作业流程（见图3-3-3）

（1）订货人员在进行订货作业时，要先在卖场查看各商品的销售状况，确认需订货，方可进行订货作业，要特别注意是否有未上架的库存商品。

（2）订货人员在卖场扫描所需订货商品的价格卡，输入订货商品的数量。

（3）订货人员将掌上终端机的订货资料输入后台计算机，再由后台计算机通过数据机，把订货资料传送至供应商或总公司的计算机。

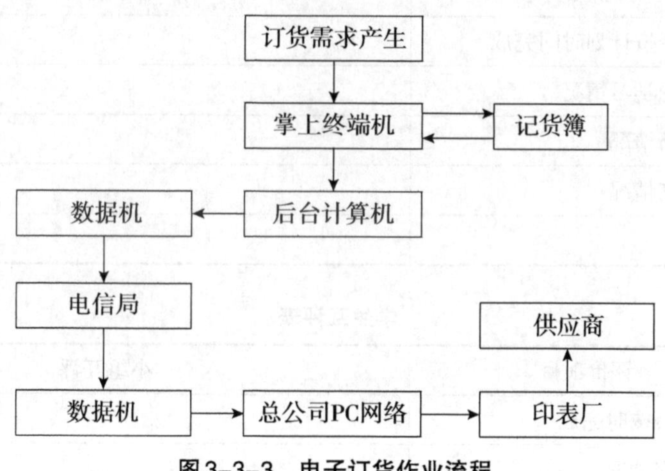

图3-3-3　电子订货作业流程

3. 盘点作业流程（见图3-3-4）

（1）连锁店在进行盘点作业时，盘点人员可手持掌上终端机去卖场和仓库，逐一扫描商品的价格卡或商品的条码，并输入清点的商品数量。

（2）完成商品存货清点与数据输入之后，将掌上终端机连接到后台计算机上，以便统计和传输盘点资料。

（3）再通过数据机把盘点资料传输至总公司的计算机，总公司的计算机经过运算后，可做出盘点统计表、盘点盈亏表和其他的管理报表。

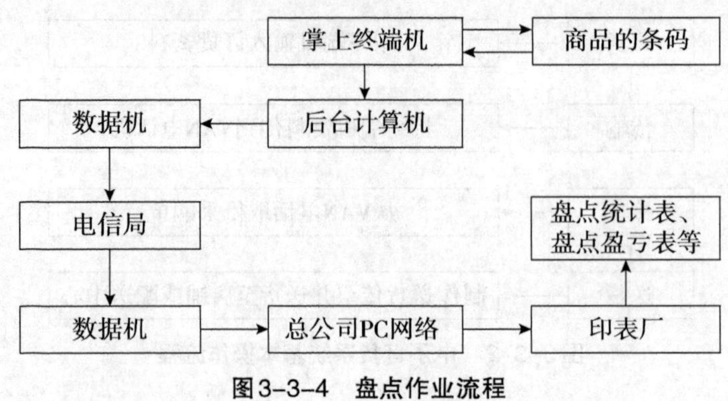

图3-3-4 盘点作业流程

评价反馈

各组代表展示作品，介绍任务的完成过程。作品展示前准备阐述材料，并完成表3-3-6、表3-3-7和表3-3-8。

表3-3-6 学生自评表

序号	评价项目	学生自评
1	任务是否按计划时间完成	
2	相关理论学习情况	
3	任务创新情况	
4	材料上交情况	
5	收获	

表3-3-7 学生互评表

序号	评价项目	小组互评
1	任务是否按时完成	
2	材料上交情况	
3	作品质量	
4	语言表达能力	
5	小组成员合作情况	
6	是否有创新点	

表3-3-8 教师评价表

序号	评价项目	教师评价
1	学习准备情况	

（续表）

序号	评价项目	教师评价
2	引导问题填写情况	
3	是否规范操作	
4	完成质量	
5	关键操作要领掌握情况	
6	完成速度	
7	是否进行5S管理	
8	参与讨论的主动性	
9	沟通协作情况	
10	展示汇报情况	

学习情境相关知识点

知识点1：电子订货系统的概念

（一）电子订货系统的定义

电子订货系统指企业将批发、零售商场所发生的订货数据输入计算机，通过计算机通信网络连接的方式将资料传送至总公司、批发商、商品供应商或制造商处的计算机系统，如图3–3–5所示。

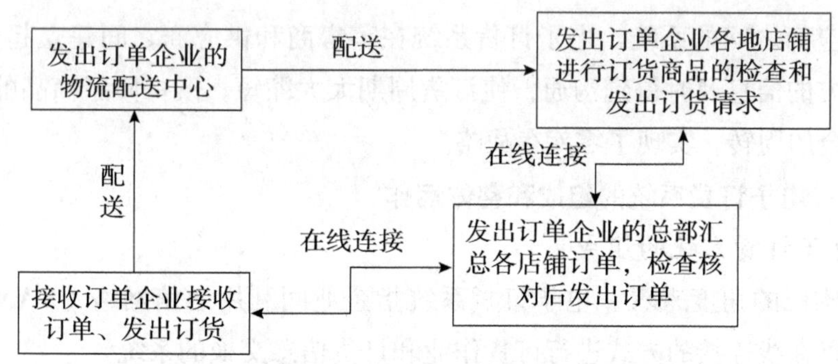

图3–3–5　电子订货系统

（二）电子订货系统的分类

根据所涵盖的范围，电子订货系统可分为狭义的电子订货系统与广义的电子订货系统。狭义的电子订货系统指零售商将订单传送给批发商、供应商的自动化订货系统；广义的电子订货系统则是从零售商下单开始经批发商接单后，再经验货、对账等步骤，直至完成所有商品交易动作为止的自动化订货系统。

1. 根据电子订货系统的应用范围分类

（1）企业内的电子订货系统（如连锁店经营中各个连锁分店与连锁总部之间建立的电子订货系统）。

（2）零售商与批发商之间的电子订货系统及零售商、批发商与生产商之间的电子订货系统。

（3）批发商和生产商之间的电子订货系统。

2. 根据电子订货系统的整体运作程序分类

（1）连锁体系的网络型电子订货系统，即连锁分店有电子订货配置，连锁总部有接单计算机系统，并通过电子信箱等传输订货信息。

（2）众多零售系统共同使用的标准网络型电子订货系统，其特征是使用标准化的传票和社会配套的信息管理系统完成订货作业。

（三）电子订货系统的特点

电子订货系统的特点主要包括以下几点。

（1）内部计算机网络应用功能完善，能及时产生订货信息。

（2）销售时点系统与电子订货系统高度结合，产生高质量的信息。

（3）满足零售商和供应商之间的信息传递。

（4）通过网络传输订货信息。

（5）信息传递及时、准确。

（6）电子订货系统是许多零售商和供应商之间的整体运作系统，而不是单个零售商和单个供应商之间的系统。电子订货系统在零售商和供应商之间建立起了一条高速通道，使双方的信息及时得到沟通，使订货周期大大缩短，既保障了商品的及时供应，又加速了资金的周转，实现了零库存战略。

知识点2：电子订货系统的组成和整体运作

（一）电子订货系统的组成

从系统构成的角度来看，电子订货系统指企业间利用通信网络（VAN或互联网）和终端设备以在线连接的方式进行订货作业和订货信息交换的系统。

电子订货系统并非单个的零售店与单个的批发商组成的系统，而是许多零售店和许多批发商组成的大系统。

电子订货系统采用电子手段完成供应链上从零售商到供应商的产品交易过程，因此，一个电子订货系统必须包括以下几个方面。

（1）供应商：是商品的制造者或供应者（生产商、批发商）。

（2）零售商：是商品的销售者或需求者。

（3）商业增值网络中心：用于传输订货信息（订单、发货单、收货单、发票等）。

（4）计算机系统：用于产生和处理订货信息。

（二）电子订货系统的整体运作

1. 零售商

零售商根据MIS提供的功能，收集并汇总各机构要货的商品名称、要货数量，根据供应商的可供商品货源、供货价格、交货期限、供应商的信誉等资料，向指定的供应商下达采购指令。

2. 商业增值网络中心

商业增值网络中心不参与交易双方的交易活动，只提供用户连接界面。商业增值网络中心是共同的情报中心，通过通信网络让不同机种的计算机或各种连线终端相通，促使情报的获取更加便利。每当接收到用户发来的EDI单证时，电子订货系统自动进行交易伙伴关系的核查，只有互为伙伴关系的双方才能进行交易，否则视为无效交易。每笔交易记录可以长期保存，供用户今后查询或在交易双方发生贸易纠纷时作为司法证据。

3. 供应商

商业增值网络中心转来的EDI单证，经商业增值网络中心提供的通信界面和EDI格式转换系统可转换为一张标准的商品订单。根据订单内容和MIS提供的相关信息，供应商可及时安排出货，并将出货信息传递给相应的零售商，从而完成一次基本的订货作业。

整个运作流程涉及物流、信息流、资金流等，电子订货系统的运作流程如图3-3-6所示。

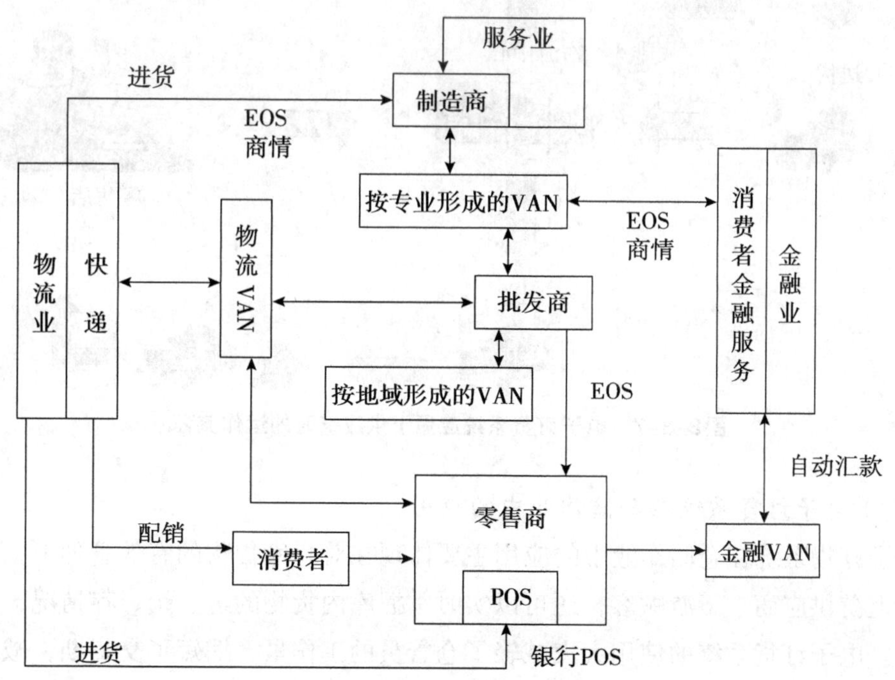

图3-3-6　电子订货系统的运作流程

知识点3：电子订货系统的应用

（一）电子订货系统在供应链中的应用

电子订货系统在供应链中的应用主要体现在对供应商、零售商实时信息的管理、订单处理和货物流转的管理上。电子订货系统还可以应用在火车托运等运输业务中，比上门订货、邮寄订货、电话订货、传真订货等传统的订货方式更具有优越性，有利于提高企业物流信息系统的效率，使各个业务信息子系统之间的数据交换更加便利和迅速，丰富企业的经营信息。

电子订货系统应用于供应链时的运作流程如下（见图3–3–7）。

（1）制造商或代理商根据采购合同的要求将发货单通过网络中心发给物流中心。

（2）物流中心对接收到的发货单进行综合处理，并按要求将货物发送给零售店（或采购方）。

（3）物流中心将添货通知单发给制造商或代理商。

（4）制造商或代理商根据接收到的添货通知单进行综合处理，然后根据送货要求将货物送至指定地点。

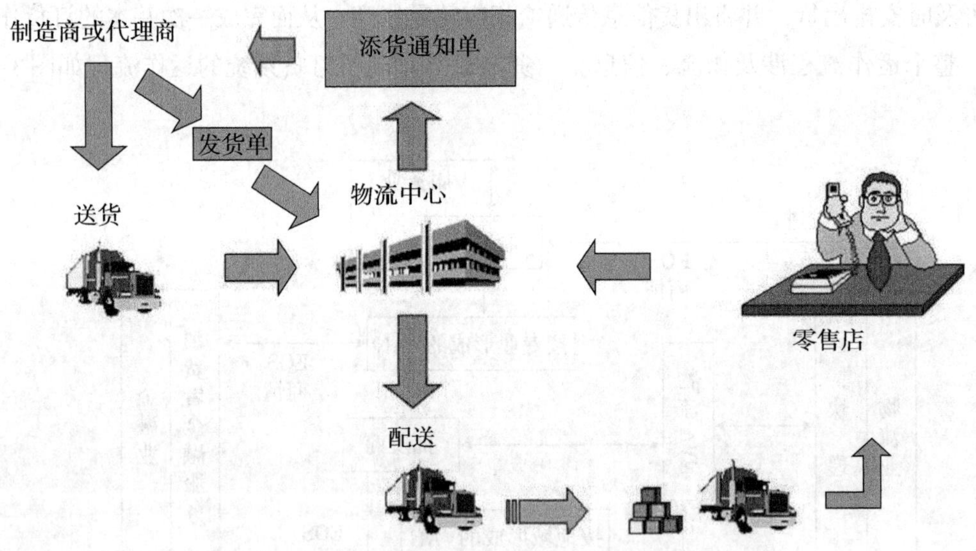

图3–3–7　电子订货系统应用于供应链时的运作流程

（二）电子订货系统在仓储作业中的应用

电子订货系统在仓储作业中的应用主要体现在对仓库货物的有效管理上，不仅可以联系上游供应商、下游顾客，还可以实时掌握库内货物的进、销、存情况，实现实时盘点。电子订货系统的使用大大减轻了仓管员的工作量，缩短了交货期，减少了订单的出错率，可防止货物特别是畅销货物缺货现象的出现，有利于减少企业的库存数量，提高企业的库存管理效率。

当仓库收到配货中心的配送清单后，按清单要求（商品名称、数量、货位等）备货，货物检验无误后出库待送。货物送交客户后，客户对货物进行验收。当客户发现货物包装破损、货物保质期已到、送交的货物与要求的货物不符等情况时，客户会退货，过期的货物暂存待处理区，经检验后作处理。如货物是错配则退回，若货物完好，则送回正品存放区。将质量和包装有问题的货物退回给供应商，而过期和损坏的货物则作报废处理等。这些货物处理的流动过程也影响到总库存量的变化，掌握和控制了这些货物的流动过程也就有效地掌握和控制了总库存量。

（三）电子订货系统在典型连锁超市中的应用

由于商品特性不同或订货差异，典型连锁超市在使用电子订货系统订货时，订购的商品一般分为以下几类。

（1）定期性的订货商品：是初期最适合使用电子订货系统订购的商品，如糖果、饼干等。

（2）日配品：必须每日供给补充的商品，如鲜牛奶等。

（3）生鲜食品：生鲜食品在市场上的价格供需起伏较大，是订量控制较为困难的部分，如肉品、海鲜产品、新鲜果蔬等。

（4）新品或促销品：属于例外的订货形态，目前应用范围较小。

此外，电子订货系统还可应用在服装、烟草等行业的采购订货和销售订货上。

任务四　分析销售时点系统应用案例

学习情境描述

随着商品条码的普及和推广，以及商场物流活动各环节信息采集的条码化，销售时点系统保障了前台销售和结算业务的准确高效运行。

小威在进入极速物流有限公司实习后，被分配在公司的信息管理部门，由导师陆超（主管信息系统的经理）带其了解物流信息管理工作，导师陆超安排小威了解销售时点系统，并完成销售时点系统应用案例的分析。

学习目标

1. 了解销售时点系统的概念、组成。

2. 熟悉销售时点系统的功能和特点。

3. 掌握销售时点系统的主要类别。

4. 能够分析销售时点系统的运行模式。

5. 能够自主查阅资料并获得信息。

任务书

完成任务单（见表3-4-1）中的任务。

表3-4-1　任务单

专业班组		班长		日期	
任务：完成销售时点系统应用案例的分析					
检查意见：					
签章：					

任务分组

学生按要求自行分组并填写任务分配表（见表3-4-2）。

表3-4-2　任务分配表

班级		组号		指导教师	
组长		学号			
组员	姓名		学号		
任务分工					

获取信息

本学习任务需要掌握的内容包括销售时点系统的含义、特点、分类及运行模式等，学习前需要收集相关资料。

引导问题1：什么是销售时点系统？它有哪些分类？

______

______

______

引导问题2：销售时点系统有什么特点？

______

______

______

引导问题3：请结合自身经历，说一说销售时点系统的功能。

______

______

______

小提示

现代的零售业离不开销售时点系统，超级市场经营管理更离不开销售时点系统，这是因为销售时点系统的作业功能和管理功能为超级市场带来了巨大的利益。

扫描右侧二维码，查看销售时点系统的功能作用。

销售时点系统的功能作用

引导问题4：销售时点系统主要由哪些部分组成？请尝试绘制销售时点系统的组成结构图。

销售时点系统的构成

小提示

销售时点系统包含前台销售时点系统和后台MIS系统两大基本部分。扫描右侧二维码查看销售时点系统的构成。

生鲜门店的销售时点系统应用

引导问题5：案例分析。

扫描右侧二维码，阅读案例，想一想：

（1）销售时点系统对生鲜门店有什么支持作用？

（2）销售时点系统主要的运行模式有哪些？

____

____

____

____

____

____

销售时点系统主要运行模式

小提示

一般的商场有大、中、小三种规模，根据其运作特点，其销售时点系统的运行也应具有不同的模式。

扫描右侧二维码，查看销售时点系统主要运行模式。

工作计划

按照收集资讯和决策的过程，制定销售时点系统应用案例分析的工作方案，并填写表3-4-3和表3-4-4。

表3-4-3 销售时点系统应用案例分析的工作方案

步骤	工作内容	负责人
1		
2		
3		

（续表）

步骤	工作内容	负责人
4		
5		
6		
7		
8		

表3-4-4　　器材清单

序号	名称	类型与规格	单位	数量	备注

进行决策

教师带领学生，查阅相关资料，并做好工作安排，讨论分析结果，制订详细计划。

评价反馈

各组代表展示作品，介绍任务的完成过程。作品展示前准备阐述材料，并完成表3-4-5、表3-4-6和表3-4-7。

表3-4-5　　学生自评表

序号	评价项目	学生自评
1	任务是否按计划时间完成	
2	相关理论学习情况	
3	任务创新情况	
4	材料上交情况	
5	收获	

表3-4-6　学生互评表

序号	评价项目	小组互评
1	任务是否按时完成	
2	材料上交情况	
3	作品质量	
4	语言表达能力	
5	小组成员合作情况	
6	是否有创新点	

表3-4-7　教师评价表

序号	评价项目	教师评价
1	学习准备情况	
2	引导问题填写情况	
3	是否规范操作	
4	完成质量	
5	关键操作要领掌握情况	
6	完成速度	
7	是否进行5S管理	
8	参与讨论的主动性	
9	沟通协作情况	
10	展示汇报情况	

学习情境相关知识点

知识点1：销售时点系统的概念

（一）销售时点系统的定义

销售时点系统（Point of Sale，POS）指通过自动读取设备（如收银机）在销售商品时直接读取商品销售信息（如商品名称、单价、销售数量、销售时间、销售店铺、购买顾客等），并通过通信网络和计算机系统传送至有关部门进行分析加工以提高经营效率的系统。图3-4-1所示为销售时点系统设备。

（二）销售时点系统的分类

1.金融类销售时点系统的分类

（1）消费POS：按功能又分为商业POS和酒店POS，主要功能是完成持卡人消费、错账冲正、凭证打印、酒店消费预授权、余额查询、止付名单查询等。

图3-4-1　销售时点系统设备

（2）转账POS：主要用于持卡人的代理收费性中间业务。

（3）财务POS：又称为结算POS，主要用于企事业单位车旅费等方面的报销。

（4）外卡POS：是特约商户安装的专门用于国外银行卡的POS。

（5）支票POS：专门受理企业签发转账支票的POS。

2. 商业类销售时点系统的分类

（1）便携型POS：一种体积小的终端处理器，其内部组装了扫描器、译码器、显示器和数据处理器。它适用于火车、飞机、轮船等移动性售货场所。销售完成后，销售数据将自动传送到主计算机。

（2）可进行大量事务处理的POS：如用于商业营业、仓库管理等的POS。

（3）在POS基础上发展起来的EDI电子自动装货、供货系统。

知识点2：销售时点系统的特点

（一）有效管理

销售时点系统可以进行有效的商品单品管理、职工管理和顾客管理等。过去零售业常规收银机只能处理收银、开发票、结账等简单的销售作业，得到的管理情报极为有限，仅止于销售总金额、部门销售金额等基本的统计资料。

（二）信息采集

销售时点系统可以自动读取销售时点的信息，进行信息采集和集中管理。信息的采集等不再是通过传统的手段，而是依靠装有自动读取设备的收银机，商品的销售总金额可以通过读取这个动作进行统计。

（三）连接供应链的有力工具

销售时点系统除了能提供精确的销售情报外，还能提供卖场上所有单品的库存量以供采购部门参考或与电子订货系统连接。

知识点3：移动POS

移动POS是GSM（全球移动通信系统）和销售时点系统结合的产物，主要由手持移动POS机、通信平台、网关及应用服务器、金卡中心和商业银行系统组成。

其中，手持移动POS机具有有线POS机的一切功能，必要时手持移动POS机本身还可作为手机使用。由于不需要布线，简单易行，因此移动POS比传统POS更有优越性，应用领域更广泛。移动POS的主要功能如表3-4-8所示。

表3-4-8　　移动POS的主要功能

主要功能		功能介绍
销售功能	销售管理	完成日常的简单销售，包括VIP折扣、整单默认折扣设定和单据付款方式选择等
	销售修改	可以修改先前零售单中商品的价格和数量
	业绩查询	提供四张报表，可以查询每日或一段时间内的销售业绩、营业员排行榜等情况
盘点功能	盘点管理	盘点功能对登录用户的店铺权限不做任何限制，可以对任意店铺任意货架进行盘点，以核对实际库存
	新增条码	当需要对POS条码库中不存在的商品进行盘点或采集，而又无法下载最新的条码信息时，可以手工增加新条码
报表功能		对数据的分析更直观
学习功能		依托平板电脑所特有的图片浏览、视频观看、文档查阅等功能，管理人员可以将公司培训资料直接下发到各终端给营业员学习

移动POS可以分为三层，即中心数据库层、PC处理软件层及移动POS处理层，三层紧密地联系在一起。其中移动POS处理层是最基本的一层。

所有的客户信息都是通过移动POS采集的，配送PC机和追踪PC机根据此信息完成其相应处理过程。将这些信息进行整理后就可以进行市场需求分析和市场预测。

简单的逻辑过程和运算过程都可以通过移动POS现场完成，从而缩短了整个物流过程的运行周期，提高了运行效率。

订货配货处理是企业的核心业务流程之一，包括订单准备、订单传递、订单登录、按订单供货、订单处理状态跟踪等活动。移动POS中，PC机从中心数据库中动态下载客户的基本信息，然后下载到订货POS上，订货员通过订货POS访问相应的客户，获得其订货信息，然后上传到订货PC机等待进一步处理。配货PC机根据订货PC机所提供的信息，制定出合理的供货周期，将货物及时准确地送到客户手中。

配货POS可以打印各种单据，并可以利用配货POS的无线通信功能，实现实时支付，这样极大地方便了客户。最后把配货处理的信息上传到配货PC机上进一步处理。

对物流的跟踪可以跨地域地掌握产品在整个市场的销售情况，然后通过全局统筹进行市场预测和调整，以获得最大的收益。另外，还可以使用移动POS完成对产品信息（条码信息，特别是二维条码中的产品详细信息）的采集，通过与中心数据库的产品信息相对照，确定该产品的真伪性，从而真正地做到防伪保真，保障企业自身的利益。

因此，跟踪PC机必须准备相应的产品信息以供跟踪POS对照，然后下载到跟踪POS上；在对产品进行跟踪处理时，跟踪POS通过本身的跟踪软件记录产品信息并参照中心数据库中的产品信息，从而确定该产品的真伪性。

思政点拨

根据IDC（互联网数据中心）监测，人类产生的数据量正在呈指数级增长，大约每两年翻一番。大量新数据源的出现导致了非结构化、半结构化数据爆发式增长。这些由我们创造的信息背后产生的数据早已经远远超越了目前人力所能处理的范畴。

习近平总书记指出，要发展数字经济，加快推动数字产业化，依靠信息技术创新驱动，不断催生新产业、新业态、新模式，用新动能推动新发展。毋庸置疑，数据是一座富矿。今天，“数据官”在企业中的地位持续提升，“数据力”影响了传统的统计与认知；数据分析，已从发现问题、分析问题，升级为挖掘企业发展机会、提供决策辅助。一家公司的负责人说起20年来探索数字化的心路历程，也颇为感慨：早年看市场好不好，是派业务员到工厂销售部门口看车辆有多少，很原始；10年前，学着聘请专业人士做数据收集，积累了一些系统性的数据；近几年，迈入大数据时代，比如利用卫星观测全球储油罐高低，估测原油和成品油库存。

可以说，在一个“万物皆数”的时代，数据正从“说”到“用”，从数字变为创新。当前，围绕数据的开发与利用备受瞩目，谁能有效拓展数据应用的广度和深度，谁就能占据竞争的制高点。因此，大数据技术的应用对于企业的发展来说，有着至关重要的作用。

项目四　智慧物流自动化技术的使用

任务一　使用自动化立体仓库模拟出入库

学习情境描述

极速物流有限公司在某开发区工业园兴建了一座自动化立体仓库（也称自动化高层货架仓库，见图4-1-1），该中心占地2万平方米，货位较多，可满足冰箱、商用空调等所有原材料和成品仓储的需要。在功能上，该中心与企业的ERP系统相接，可最大限度地适应电子商务的要求，直接与物流、商流、资金流、信息流等进行数据传输。在自动化方面，应用了国际先进的自动化技术、机器人技术、通信传感技术等，并配有激光导航小车及从国外引进的穿梭车和堆垛机。

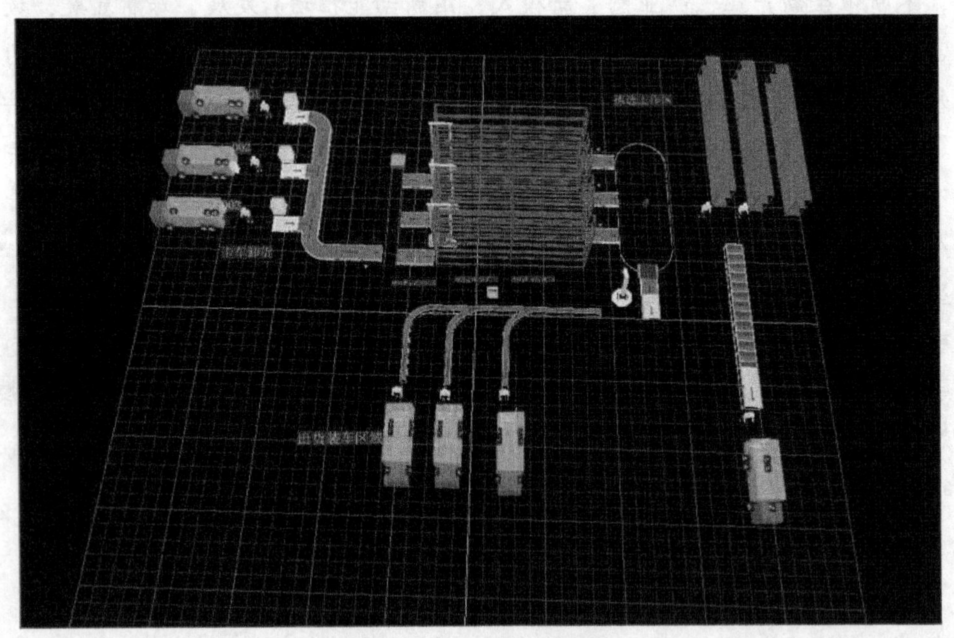

图4-1-1　自动化立体仓库

自动化立体仓库（Automatic Storage and Retrieval System，AS/RS）的出现是物流技术的一个划时代的革新。

2022年8月8日上午，小威接到客户苏宁电器的入库订单，入库货物信息如表4–1–1所示。

表4–1–1 入库货物信息

序号	物料编号	物料名称	规格	单位	计划数量
1	7200015–10	440V/220V笔记本计算机电源变压器	GV–N52128TE	套	30
2	7200015–09	380V/220V笔记本计算机电源变压器	GV–R587SO–1GD	套	60
3	7200018–12	440V/220V移动硬盘电源变压器	GN–WS31N–RH	套	35
4	7200019–02	380V/220V移动硬盘电源变压器	GA–Z68XP–UD3P	套	55
合计				套	180

接到订单后，小威当日需要完成入库作业。

8月15日，小威接到了客户的出库通知单，并要求8月16日前完成出库作业，出库货物信息如表4–1–2所示。

表4–1–2 出库货物信息

序号	物料编号	物料名称	规格	单位	数量
1	7200015–10	440V/220V笔记本计算机电源变压器	GV–N52128TE	套	10
2	7200015–09	380V/220V笔记本计算机电源变压器	GV–R587SO–1GD	套	30
3	7200018–12	440V/220V移动硬盘电源变压器	GN–WS31N–RH	套	23
合计				套	63

学习目标

1. 了解自动化立体仓库的概念与特点。
2. 了解自动化立体仓库的应用。
3. 熟悉自动化立体仓库的主要类型。
4. 掌握自动化立体仓库的构成。
5. 能够管理和维护自动化立体仓库。
6. 能够自主查阅资料并获得信息。

任务书

完成任务单（见表4–1–3）中的任务。

表4-1-3　　任务单

<table>
<tr><td>专业班组</td><td></td><td>班长</td><td></td><td>日期</td><td></td></tr>
<tr><td colspan="6">任务：模拟完成入库作业和出库作业</td></tr>
<tr><td colspan="6">检查意见：</td></tr>
<tr><td colspan="6">签章：</td></tr>
</table>

任务分组

学生按要求自行分组并填写任务分配表（见表4-1-4）。

表4-1-4　　任务分配表

<table>
<tr><td>班级</td><td></td><td>组号</td><td></td><td>指导教师</td><td></td></tr>
<tr><td>组长</td><td></td><td>学号</td><td colspan="3"></td></tr>
<tr><td rowspan="6">组员</td><td colspan="2">姓名</td><td colspan="3">学号</td></tr>
<tr><td colspan="2"></td><td colspan="3"></td></tr>
<tr><td colspan="2"></td><td colspan="3"></td></tr>
<tr><td colspan="2"></td><td colspan="3"></td></tr>
<tr><td colspan="2"></td><td colspan="3"></td></tr>
<tr><td colspan="2"></td><td colspan="3"></td></tr>
<tr><td>任务分工</td><td colspan="5"></td></tr>
</table>

获取信息

本学习任务需要掌握的内容包括自动立体仓库的含义、特点及在物流行业中的应用情况等，学习前需要收集相关资料。

引导问题1：什么是自动化立体仓库？

引导问题2：案例分析。

扫描右侧二维码，阅读分析案例，想一想：

（1）自动化立体仓库由哪些设施组成？

（2）自动化立体仓库的特点是什么？

（3）蒙牛乳业采用的自动化立体仓库的优越性有哪些？

蒙牛乳业自动化立体仓库案例

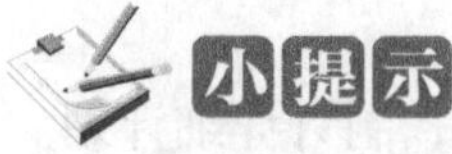

扫描右侧二维码，查看自动化立体仓库的特点。

自动化立体仓库的特点

工作计划

按照收集资讯和决策的过程，制定入库和出库作业的工作方案，并填写表4-1-5和表4-1-6。

表4-1-5　　入库和出库作业的工作方案

步骤	工作内容	负责人
1		
2		
3		

（续表）

步骤	工作内容	负责人
4		
5		
6		
7		
8		

表4-1-6 器材清单

序号	名称	类型与规格	单位	数量	备注

进行决策

教师带领学生，查阅相关资料，并做好工作安排，讨论分析结果，制订详细计划。

步骤一：堆垛机和输送链自动控制

（1）将堆垛机和输送链控制柜上的“手动/自动”开关置于自动挡，保证堆垛机的叉伸在中间位置，对应的位置为某一层的下方。

（2）扫描货物条码。

（3）启动堆垛机控制程序。

（4）核对堆垛机当前位置。

步骤二：入库作业

（1）设置入库单。新建入库申请，输入入库货物（笔记本计算机电源变压器）的条码和数量，添加入库请求。

（2）选择入库仓位。可选择“指定仓位”，也可选择“随机仓位”，待入库时系统自动分配。

（3）所有入库请求添加完毕，系统自动生成入库单。

（4）导入入库单。选择要导入的入库单并运行，手动依次将需要入库的物流盒放到滚筒输送链上，有条码的一面朝向条码阅读器。物流盒的间距保持在0.3米以上。最后，仓管员根据指示完成入库操作。

步骤三：出库作业

（1）设置出库单。新建出库申请，输入出库货物（笔记本计算机电源变压器）的条码和数量，添加出库请求。

（2）选择出库货物的货位和条码，确定对应想要的出口。

（3）所有出库申请建立后，系统自动生成出库单。

（4）导出出库单。选择要导出的出库单并导出。根据导出的出库单，仓管员进行出库作业操作。

评价反馈

各组代表展示作品，介绍任务的完成过程。作品展示前准备阐述材料，并完成表4-1-7、表4-1-8和表4-1-9。

表4-1-7　　学生自评表

序号	评价项目	学生自评
1	任务是否按计划时间完成	
2	相关理论学习情况	
3	任务创新情况	
4	材料上交情况	
5	收获	

表4-1-8　　学生互评表

序号	评价项目	小组互评
1	任务是否按时完成	
2	材料上交情况	
3	作品质量	
4	语言表达能力	
5	小组成员合作情况	
6	是否有创新点	

表4-1-9　　　　教师评价表

序号	评价项目	教师评价
1	学习准备情况	
2	引导问题填写情况	
3	是否规范操作	
4	完成质量	
5	关键操作要领掌握情况	
6	完成速度	
7	是否进行5S管理	
8	参与讨论的主动性	
9	沟通协作情况	
10	展示汇报情况	

学习情境相关知识点

知识点1：自动化立体仓库的概念

（一）自动化立体仓库的定义

自动化立体仓库又称自动化高层货架仓库（简称高架仓库），一般采用几层、十几层乃至几十层的货架来储存单元货物，由于这类仓库能充分利用空间储存货物，故常形象地将其称为“立体仓库”。

自动化立体仓库系统是在不需人工处理的情况下能自动储存和取出物料的系统。这个定义涵盖了不同复杂程度及规格的极为广泛的、多样的系统。

自动化立体仓库是采用高层货架存放货物，以巷道堆垛起重机为主，结合入库与出库周边设备来进行自动化仓储作业的一种仓库。

（二）自动化立体仓库的构成

自动化立体仓库主要由仓库建筑物、自动控制与管理系统、高层货架、控制室、巷道式堆垛机、出入库输送机等构成（见图4-1-2），此外，还包括与之配套的供电系统、空调系统、消防报警系统、称量计量系统、包装系统、网络通信系统等。

自动化立体仓库系统能够按照指令自动完成货物的存取，并能对库存货物进行自动管理，完全实现自动化作业。

（三）自动化立体仓库的功能

（1）大量储存。一个自动化立体仓库拥有的货位数可以达到30万个，可储存30万个托盘，以平均每托盘储存1吨货物计算，则一个自动化立体仓库可同时储存30万吨货物。

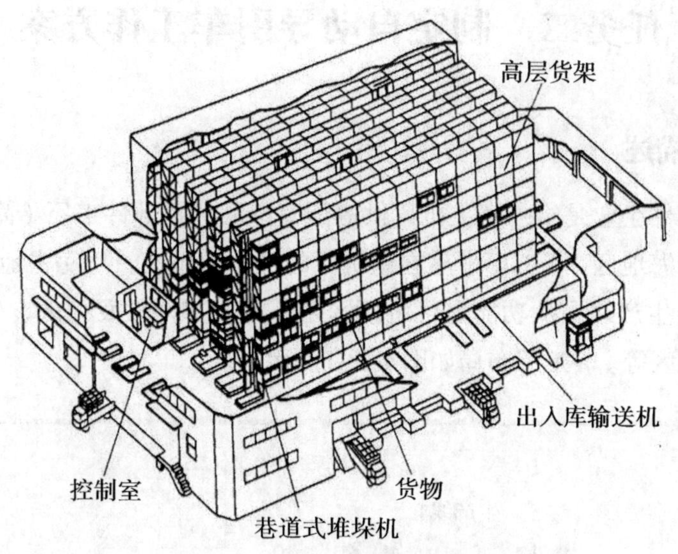

图4-1-2　自动化立体仓库的构成

（2）自动存取。自动化立体仓库的出入库及库内搬运作业全部实现由计算机控制的机电一体化作业。

（3）其功能可以扩展到分类、计量、包装、分拣、配送等。

知识点2：自动化立体仓库的类型

（1）按照高度的不同，自动化立体仓库可分为低层自动化立体仓库、中层自动化立体仓库和高层自动化立体仓库。低层自动化立体仓库的高度在5米以下。中层自动化立体仓库的高度为5～15米。高层自动化立体仓库的高度在15米以上。自动化立体仓库的建筑高度最高可达40米，常用的自动化立体仓库的高度为7～25米。

（2）按照操作对象的不同，自动化立体仓库包括托盘单元式自动仓库、箱盒单元式自动仓库、拣选式高层货架仓库、单元/拣选式自动仓库、高架叉车仓库。其中，托盘单元式自动仓库采用托盘集装单元的方式来保管物料，被国内企业广泛采用。

（3）按照储存物品的特性，自动化立体仓库分为常温自动化立体仓库、低温自动化立体仓库、防爆型自动化立体仓库等。

（4）按货架构造形式的不同，自动化立体仓库分为单元货格式仓库、贯通式仓库、水平旋转式仓库和垂直旋转式仓库。

（5）按所起作用的不同，自动化立体仓库分为生产性仓库和流通性仓库。

任务二　制定自动导引车工作方案

学习情境描述

某汽车零部件企业是给一家主机厂供应配套产品的零部件工厂（简称A工厂），位于经济发达的沿海地区，A工厂坐落在主机厂的供应商园区，厂房占地面积约为1万平方米，拥有两条生产线，从功能上可将厂区划分为零部件收发存区、生产线、成品储存区和成品收发区等。A工厂布局如图4-2-1所示。

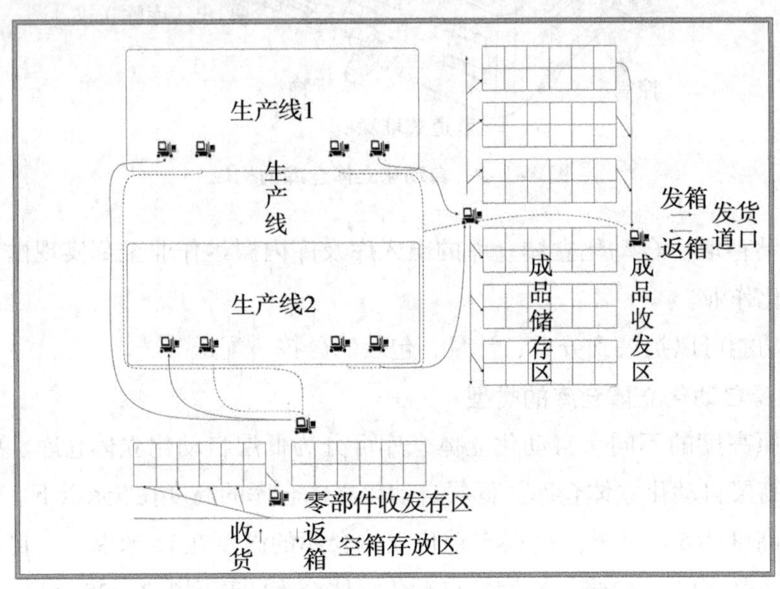

图4-2-1　A工厂布局

其物流过程简要描述如下：

步骤一：叉车将原材料从供应商送货车辆上卸货后，转移至零部件收发存区。

步骤二：叉车从零部件收发存区取出零部件并向生产线喂料。

步骤三：叉车将生产线用完的零部件空箱送回零部件收发存区。

步骤四：叉车将零部件空箱转移至空箱存放区。

步骤五：叉车将零部件空箱从空箱存放区叉取至发货道口装车，返给供应商。

步骤六：叉车将生产线下线的成品搬运至成品储存区。

步骤七：叉车将成品转移至货位存放。

步骤八：叉车将成品从货位取出，发运装车。

步骤九：叉车将从主机厂返回的料箱卸车，再搬运至生产线。

在以上物流过程中，全部物料搬运、装卸都由叉车完成。由于业务量比较大，总共配置有16辆叉车，其中，零部件收发存区2辆，负责喂料上线及返空箱的有5辆，负责成品下线及返空箱的有5辆，负责成品储存的有2辆，负责成品发货的有2辆。同时，由于每天工作分2个班次，叉车工总数达到了37人。

近几年来，人工成本上涨，一线叉车工的人工费每年上涨10%；不仅如此，由于A工厂实行两班制生产，劳动强度相当大，叉车工离职率一直在高位徘徊，在春节前后，用工荒得不到有效解决，多次面临停产风险。

A工厂为解决成本上涨和用工荒的问题，向极速物流有限公司寻求在厂内使用自动导引车（Automated Guided Vehicle，AGV）来代替叉车进行作业的解决办法。小威需要协助陆超对国内AGV的应用情况进行详尽调研，制定自动导引车工作方案。

学习目标

1. 熟悉自动导引车的相关概念。
2. 了解自动导引车的构成。
3. 能对自动导引车系统进行操作。

任务书

完成任务单（见表4-2-1）中的任务。

表4-2-1　　任务单

<table>
<tr><td>专业班组</td><td></td><td>班长</td><td></td><td>日期</td><td></td></tr>
<tr><td colspan="6">任务：制定自动导引车工作方案</td></tr>
<tr><td colspan="6">检查意见：</td></tr>
<tr><td colspan="6">签章：</td></tr>
</table>

任务分组

学生按要求自行分组并填写任务分配表（见表4-2-2）。

表 4-2-2　　任务分配表

班级		组号		指导教师	
组长		学号			
组员	姓名		学号		
任务分工					

获取信息

本学习任务学生需要通过查阅文献了解物流自动化技术，教师要对当前自动导引车的情况做充分调查。

引导问题 1：什么是 AGV?

______

______

______

______

______

______

小提示

自动导引车是在工业应用中不需要驾驶员的搬运车，以可充电的蓄电池为其动力来源。一般可通过计算机来控制其行进路线和动作，或利用电磁轨道来设定其行进路线。电磁轨道固定在地板上，自动导引车则依靠电磁轨道进行移动。

自动导引车一般以蓄电池为动力来源，目前也有用非接触能量传输装置提供动力的。它以轮式移动为特征，较之步行、爬行或其他非轮式的移动机器人具有行动快捷、工作效率高、结构简单、可控性强、安全性好等优势。与物料输送中常用的其他设备相

比，自动导引车的活动区域无须铺设传统的轨道、支架等固定装置，不受场地、道路和空间的限制。因此，在自动化物流系统中，自动导引车最能充分地体现其自动性和柔性，实现高效、经济、灵活的无人化生产。

引导问题2：AGV有什么类型？

小提示

扫描右侧二维码，查看AGV的类型。

AGV的类型

引导问题3：AGV的工作原理是什么？AGV有哪些技术参数？

扫描右侧二维码，阅读分析案例，想一想：

（1）AGV的基本工作原理是什么？

（2）AGV有哪些技术参数？

AGV系统在汽车行业中的应用

小提示

扫描下方二维码，查看AGV的导引原理与控制、AGV的主要技术参数。

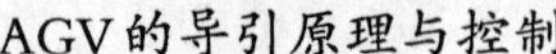

AGV的导引原理与控制

AGV的主要技术参数

引导问题4：AGV在仓库中的应用场景有哪些？

AGV常见的应用场景

扫描右侧二维码，观看视频，总结归纳AGV在仓库中的应用场景。

____

____

____

____

____

____

工作计划

按照收集资讯和决策的过程，制定自动导引车工作方案，并填写表4-2-3和表4-2-4。

表4-2-3　自动导引车工作方案

步骤	工作内容	负责人
1		
2		
3		
4		
5		
6		
7		
8		

表4-2-4　　器材清单

序号	名称	类型与规格	单位	数量	备注

进行决策

教师带领学生，查阅相关资料，并做好工作安排，讨论分析结果，制订详细计划。参考方案如下。

步骤一：A工厂在进行厂内物流规划改造时，考虑将负责喂料上线及返空箱的5辆叉车和成品下线及返空箱的5辆叉车，合计共10辆叉车，用AGV来代替。装卸及短距离入库等不利于AGV发挥作用的操作仍使用叉车。

步骤二至六：叉车从零部件收发存区取出零部件后放置于AGV路径上的挂载点，AGV经过该挂载点时将零部件挂载上，然后，将零部件搬运至生产线上的卸载点；同时，AGV在装载点将生产线用完的空箱挂载后返回至零部件收发存区的卸载点，将空箱卸下后，再由叉车将空箱叉取至空箱存放区。

步骤七至十一：AGV在行走路径上的挂载点将生产线下线的成品挂载后，搬运至成品储存区并在卸载点将成品卸载，卸载的成品由叉车取走并入库存放；而由主机厂返回的空箱，则由叉车从空箱存放区转移至AGV挂载点，由AGV带回生产线。

评价反馈

各组代表展示作品，介绍任务的完成过程。作品展示前准备阐述材料，并完成表4-2-5、表4-2-6和表4-2-7。

表4-2-5　　学生自评表

序号	评价项目	学生自评
1	任务是否按计划时间完成	
2	相关理论学习情况	
3	任务创新情况	

（续表）

序号	评价项目	学生自评
4	材料上交情况	
5	收获	

表4-2-6　　学生互评表

序号	评价项目	小组互评
1	任务是否按时完成	
2	材料上交情况	
3	作品质量	
4	语言表达能力	
5	小组成员合作情况	
6	是否有创新点	

表4-2-7　　教师评价表

序号	评价项目	教师评价
1	学习准备情况	
2	引导问题填写情况	
3	是否规范操作	
4	完成质量	
5	关键操作要领掌握情况	
6	完成速度	
7	是否进行5S管理	
8	参与讨论的主动性	
9	沟通协作情况	
10	展示汇报情况	

学习情境相关知识点

知识点1：自动导引车的概念

自动导引车属于轮式移动机器人的范畴。

我国国家标准《物流术语》中，AGV指在车体上装备有电磁学或光学等导引装置、计算机装置、安全保护装置，能够沿设定的路径自动行驶，具有物品移载功能的搬运车辆。

自动导引车系统指多台AGV在控制系统的统一指挥下，组成的一个柔性化的自动搬运系统。

知识点2：自动导引车的组成

自动导引车由车体、蓄电池与充电装置、驱动装置、转向装置、控制系统、移载装置、安全装置等组成。自动导引车的结构如图4-2-2所示。

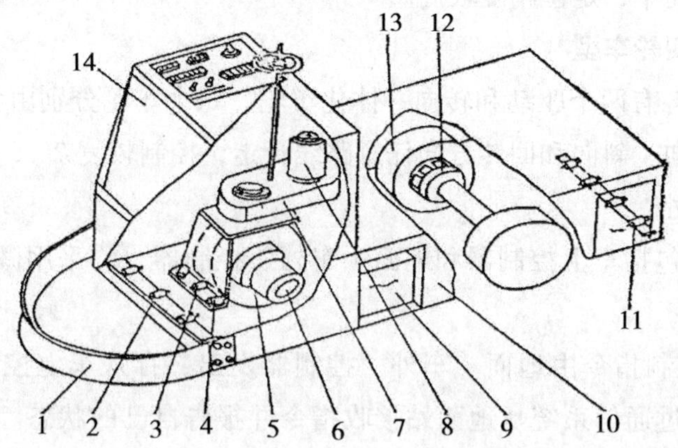

1—安全挡圈；2、11—认址线圈；3—失灵控制线圈；4—导向探测器；
5—转向轮；6—驱动电机；7—转向机构；8—导向伺服电机；9—蓄电池；
10—车架；12—制动器；13—驱动车轮；14—车上控制器

图4-2-2　自动导引车的结构

（一）车体

车体由车架和相应的机械电气结构（如减速箱、电机、车轮等）组成。车架常采用焊接钢结构，要求有足够的刚性。

（二）蓄电池与充电装置

自动导引车常用24V或48V直流工业蓄电池提供动力。

（三）驱动装置

驱动装置是一个伺服驱动的变速控制系统，可驱动AGV运行并具有速度控制和制动能力。它由车轮、减速器、制动器、电机及速度控制器等组成，并由计算机或人工进行控制。速度调节可采用脉宽调速或变频调速等方法。直线行走时，速度可达1m/s；转弯时，速度为0.2～0.5m/s；接近停位点时，速度为0.1m/s。

（四）转向装置

AGV常设计成三种运动方式：只能向前；能向前与向后；能纵向、横向、斜向及回转全方位运动。因此，根据转向装置的结构，AGV可分为以下三种车型。

1. 铰轴转向式三轮车型

车体的前部为一个铰轴转向车轮，同时也是驱动轮。转向和驱动分别由两个不同的电机带动，车体后部为两个自由轮，前轮控制转向实现单方向向前行驶。其结构简单、成本低，但定位精度较低。

2.差速转向式四轮车型

车体的中部有两个驱动轮，由两个电机分别驱动。前后部各有一个转向轮（自由轮）。通过控制中部两个驱动轮的速度比可实现车体的转向，并实现前后双向行驶和转向。这种车型结构简单，定位精度较高。

3.全轮转向式四轮车型

车体的前后部各有两个驱动和转向一体化车轮，每个车轮分别由各自的电机驱动，可实现沿纵向、横向、斜向和回转方向任意路线行走，控制较复杂。

（五）控制系统

AGV控制系统包括车上控制器和地面（车外）控制器，均采用微型计算机，通过通信系统进行联系。

输入AGV的控制指令由地面（车外）控制器发出，存入车上控制器；AGV运行时，车上控制器通过通信系统从地面站接收指令并报告自己的状态。车上控制器可完成手动控制、安全装置启动、蓄电池状态、转向极限、制动器解脱、行走灯光、驱动和转向电机控制与充电接触器的监控等。

控制台与AGV间可采用定点光导通信和无线局域网通信两种通信方式。采用无线局域网通信时，控制台和AGV构成无线局域通信网，控制台和AGV在网络协议支持下交换信息。无线局域网通信要完成AGV的调度和交通管理。

在出库站和拆箱机器人处，移载站都设有红外光通信系统，其主要功能是完成移载任务的通信。AGV充电可以采用在线自动快速充电方式。

（六）移载装置

AGV用移载装置来装卸货物，即装载和卸下载荷。常见的AGV装卸方式可分为被动装卸和主动装卸两种。

被动装卸的自动导引车不具有完整的装卸功能，而是采用助卸方式，即配合装卸站或接收物料方的装卸装置自动装卸。常见的被动助卸装置有升降式台面［见图4-2-3（a）］和滚柱式台面［见图4-2-3（b）］。升降式台面的升降台下设有液压升降机构，高度可以自由调节。为了顺利移载，AGV必须精确停车才能与站台自动交换。采用滚柱式台面的环境要求站台必须带有动力传动辊道，AGV停靠在站台边，AGV上的辊道和站台上的辊道对接之后同步动作，实现货物移送。

主动装卸的自动导引车具有装卸功能。常见的主动装卸装置有单面推拉式、双面推拉式、叉车式等。

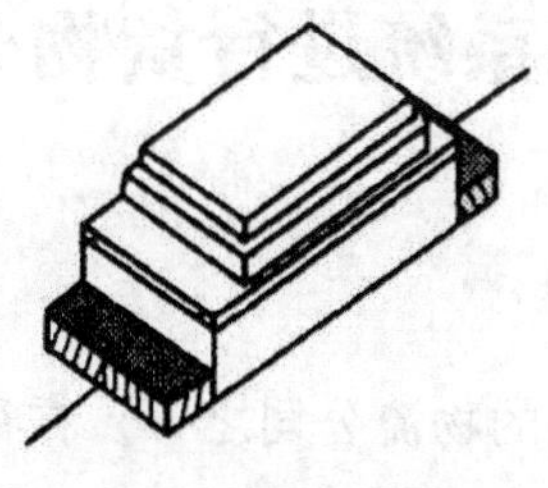

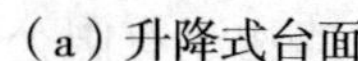

（a）升降式台面

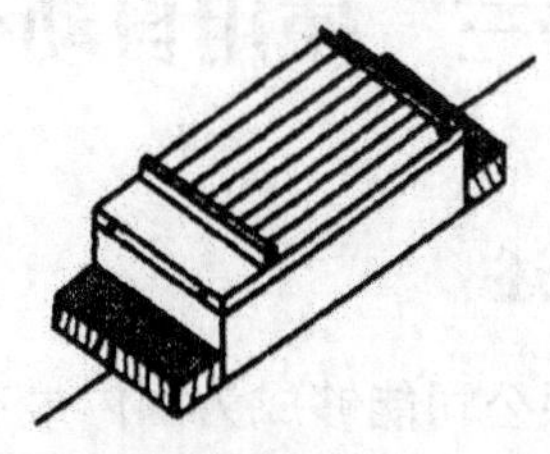

（b）滚柱式台面

图4-2-3 被动助卸装置

（七）安全装置

为确保AGV在运行过程中的自身安全，现场人员及各类设备的安全，AGV将采取多级硬件、软件的安全措施。在AGV的前面设有红外光非接触式防碰传感器和接触式防碰传感器——保险杠。AGV安装醒目的信号灯和声音报警装置，以提醒周围的操作人员。一旦发生故障，AGV自动进行声光报警，同时通过无线通信系统通知AGV监控系统。常见的安全装置有以下几种。

1.障碍物接触式缓冲器

障碍物接触式缓冲器是一种强制停车的安全装置，它产生作用的前提是与其他物体相接触，使其发生一定的变形，从而触动相应的限位装置，强行使其断电停车。

2.障碍物接近式传感器

非接触式检测装置是障碍物接触式缓冲器的辅助装置，是先于障碍物接触式缓冲器发生作用的安全装置。障碍物接近式传感器是一个多级的接近检测装置，在预定距离内检测障碍物。在一定距离范围内，它会使AGV降速行驶，在更近的距离范围内，它会使AGV停车，而当移除障碍物后，AGV将自动恢复正常行驶状态。障碍物接近式传感器包括激光式、超声波式、红外线式等多种类型。

如日本产的红外线传感器能检测搬运车的前后方向、左右方向的障碍物，也能在二段内设定慢行和停止，即2m内减速、1m内停车。发射的光频率数有4种或8种，能防止各搬运车间的相互干扰。

3.装卸移载货物执行机构的自动安全保护装置

AGV的主要功能是解决物料的全自动搬运，故AGV除了具有全自动运行装置外，还有移载装置。移载装置的安全保护装置包括机械的和电气的两大类，如位置定位装置、位置限位装置、货物位置检测装置、货物形态检测装置、机构自锁装置等。

任务三　使用自动分拣系统进行货物分拣

学习情境描述

极速物流有限公司能够成为国内最有实力的物流公司之一，在很多人眼中其高人一筹的配送速度起到了关键的作用。与此同时，极速物流有限公司多年来对于自己业务水平的提高也保证了其发展的不断加速。只有合理的工作流程，才能让其工作效率最大化。极速物流有限公司的分拣系统，不单单提高了员工的工作效率，同时也让员工的工作更加轻松。

近些年，我国的电子商务行业发展迅猛，快递业在中国市场的发展也将进入一个新的阶段。为迎接物流行业的飞速发展，极速物流有限公司采用了更为先进的分拣系统。极速物流有限公司的分拣系统可以采用计算机条码技术、无线射频识别技术等，正确而迅速地完成分拣作业，提升客户订单响应速度，保证客户满意度。

极速物流有限公司的分拣系统的作业过程主要有四个步骤。

第一，在分拣作业开始前，首先要处理拣货信息，依据订单处理系统输出的分拣单形成拣货资料，然后进行分拣作业。

第二，将有关货物及分类信息通过自动分类机的信息输入装置，输入自动分拣系统。

第三，自动分拣系统利用计算机控制中心技术，将货物及分类信息进行自动化处理并将形成的数据指令传输至分拣作业机械。

第四，利用自动识别装置，对货物进行自动化分类拣取，货物通过移载装置移至输送机，然后由输送系统传送至分类系统，再由分类道口的排出装置按预先设置的分类要求将快递货件推出分类机，完成分拣作业。

如今，极速物流有限公司将在国内东部地区把网络铺开，搭建好服务平台，确保市场占有率，提高服务效率，打造服务品牌。效率高、系统化的分拣系统更有利于将极速物流有限公司推向新的高度。

在高效的分拣系统的辅助之下，每个岗位的员工的工作效率都在不断提高。如今的极速物流有限公司，开通了与多个国家和地区间的快递业务。国内的成功经验被带到了国外，在与当地企业合作的时候，最大限度地保证了极速物流有限公司与当地文化的统一，快速适应了国际市场的消费需求。

小威在进入极速物流有限公司实习后，被分配到公司的信息管理部门，由导师陆超（主管信息系统的经理）带其了解物流信息管理工作，现在导师陆超安排小威了解自动分拣系统，学习使用自动分拣系统进行货物分拣。

学习目标

1. 了解自动分拣系统的特点。
2. 熟悉自动分拣系统的组成。
3. 掌握自动分拣系统的分类。
4. 能够运用自动分拣系统进行货物分拣。
5. 具备细心和对工作认真负责的素质。

任务书

完成任务单（见表4–3–1）中的任务。

表4–3–1　　任务单

专业班组		班长		日期	
任务：使用自动分拣系统进行货物分拣					
检查意见：					
签章：					

任务分组

学生按要求自行分组并填写任务分配表（见表4–3–2）。

表4–3–2　　任务分配表

班级		组号		指导教师	
组长		学号			
组员	姓名		学号		

（续表）

	姓名	学号
组员		
任务分工		

获取信息

本学习任务需要掌握的内容包括自动分拣系统特点、分类及在物流行业中的应用情况等，学习前需要收集相关资料。

引导问题1：什么是自动分拣系统？

____

____

____

小提示

自动分拣系统是先进的配送中心所必需的设施条件之一。自动分拣系统具有很高的分拣效率，通常每小时可分拣6000～12000箱货物。可以说，自动分拣系统是提高物流配送效率的一项关键因素。它被美国、日本的物流中心广泛采用。扫描右侧二维码，观看视频，了解自动分拣系统的基本构成。

自动分拣系统的基本构成

引导问题2：请用自己的话总结自动分拣系统的主要特点。

____

____

____

____

____

____

引导问题3：自动分拣系统有哪些类型？

工作计划

按照收集资讯和决策的过程，制定使用自动分拣系统的工作方案，并填写表4-3-3和表4-3-4。

表4-3-3　使用自动分拣系统的工作方案

步骤	工作内容	负责人
1		
2		
3		
4		
5		
6		
7		
8		

表4-3-4　器材清单

序号	名称	类型与规格	单位	数量	备注

进行决策

教师带领学生，查阅相关资料，并做好工作安排，讨论分析结果，制订详细计划。

步骤一：收件员收取快件

收件员收取快件时需当场扫描，并录入目的地代码及收件方电话，如图4-3-1所示，收件员扫描的快件信息将被传递到本地服务器，生成分拣计划。

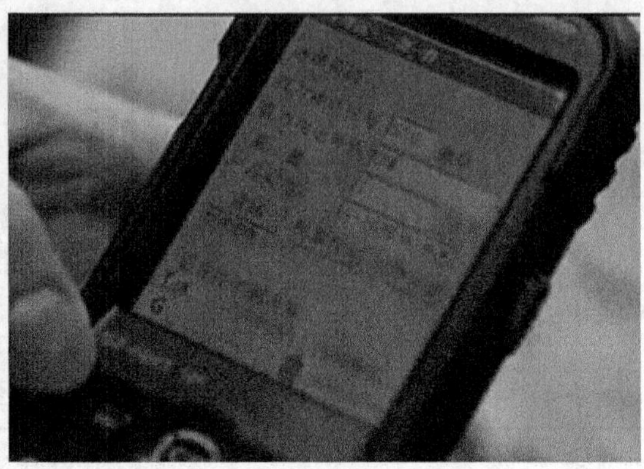

图4-3-1　扫描快件

注意：收件员在收件时需将运单平整地粘贴于最大平面，确保条码完全显示，以免影响分拣时的运单条码扫描。

步骤二：快件上分拣线

各个分点处的快件会被及时地运送到分拣中心，货物到达分拣机的入口处时，供件员将快件导入分拣线上（见图4-3-2）。

图4-3-2　快件上分拣线

注意：上分拣线的快件要规范，不规范的快件会导致分拣机停机或错分，在导入前需将不规范的快件放到相应的区域，等待人工处理。供件员在供件时，需将快件的运单朝上，并且依次排开，否则分拣机将无法识别。

步骤三：扫描运单条码

龙门架内的激光读码器或特制摄像机会在几纳秒内扫描运单条码（见图4-3-3），并将信息传送至分拣机服务器。

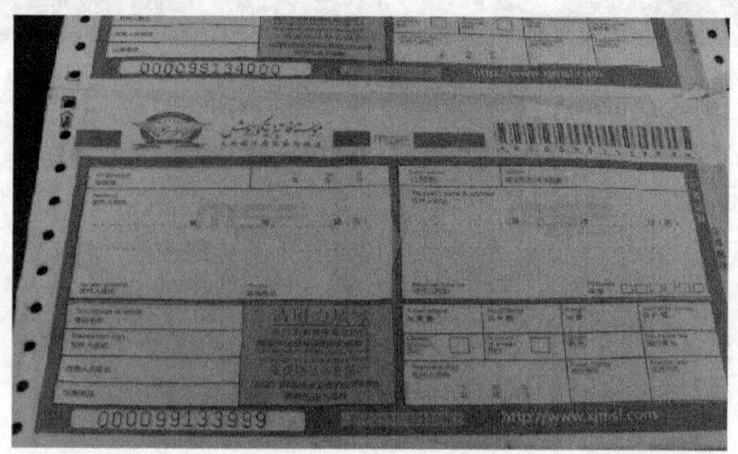

图4-3-3　运单条码

分拣机会根据分拣计划，将快件送入正确的分拣滑槽（见图4-3-4）。

图4-3-4　货物分拣

注意：如果运单条码被遮盖、有褶皱或是不完整时，快件将无法被扫描。

步骤四：无目的地的快件处理

自动分拣系统分拣过程中，因为前置信息处理不当，可能产生未被分拣的无目的地快件，这时补录员会及时地将信息补录，再将快件放到分拣线上重新分拣，直到将快件正确地放入分拣滑槽内为止（见图4-3-5）。

图4-3-5　快件进入分拣滑槽

注意：仓管员必须及时扫描运单，以便输单员和补录员及时操作，一旦信息上传不及时，快件都将无法被识别，就会产生大量的无目的地快件，降低分拣效率。自动分拣系统需要定期清洁、维修、保养，以保证分拣系统的安全、准确作业，延长设备的使用寿命。

步骤五：发运

工作人员将分拣完成后的货物进行发运。

评价反馈

各组代表展示作品，介绍任务的完成过程。作品展示前准备阐述材料，并完成表4-3-5、表4-3-6和表4-3-7。

表4-3-5　学生自评表

序号	评价项目	学生自评
1	任务是否按计划时间完成	
2	相关理论学习情况	
3	任务创新情况	
4	材料上交情况	
5	收获	

表4-3-6　学生互评表

序号	评价项目	小组互评
1	任务是否按时完成	
2	材料上交情况	
3	作品质量	

（续表）

序号	评价项目	小组互评
4	语言表达能力	
5	小组成员合作情况	
6	是否有创新点	

表 4–3–7　　教师评价表

序号	评价项目	教师评价
1	学习准备情况	
2	引导问题填写情况	
3	是否规范操作	
4	完成质量	
5	关键操作要领掌握情况	
6	完成速度	
7	是否进行5S管理	
8	参与讨论的主动性	
9	沟通协作情况	
10	展示汇报情况	

学习情境相关知识点

知识点1：自动分拣系统的主要特点

（一）能连续、大批量地分拣货物

由于采用流水线自动作业的方式，自动分拣系统不受气候、时间、人的体力等限制，可以连续运行，同时由于自动分拣系统单位时间分拣件数多，因此自动分拣系统可连续运行100小时以上，每小时约可分拣7000件货物，如用人工，则每小时只能分拣150件左右，同时分拣人员也不能在这种劳动强度下连续工作8小时。

（二）分拣误差率极低

自动分拣系统的分拣误差率大小主要取决于所输入分拣信息的误差率大小，如果采用人工键盘或语音识别方式输入，则误差率在3%以上，如采用条码扫描输入，除非条码的印刷本身有差错，否则不会出错。自动分拣系统主要采用条码技术来识别货物，因此分拣误差率极低。

（三）分拣作业基本实现无人化

国外建立自动分拣系统的目的之一就是减少人员的使用，减轻员工的劳动强度，提高人员的工作效率，因此自动分拣系统能最大限度地减少人员的使用，基本做到无人化。分拣作业本身并不需要使用人员，人员的使用仅局限于以下工作。

（1）送货车辆抵达自动分拣线的进货端时，由人工接货。

（2）由人工控制自动分拣系统的运行。

（3）自动分拣线末端由人工将分拣出来的货物进行集载、装车。

（4）由人工进行自动分拣系统的经营、管理与维护。

知识点2：自动分拣系统的类别

（一）滑块式分拣系统

滑块式分拣系统（见图4-3-6）由信息采集系统、控制系统、网络系统等组成。滑块式分拣系统可适应不同大小、重量、形状的各种商品；分拣轻柔、准确；可向左、右两侧分拣，占地小；分拣时所需商品间隙小，分拣能力高达18000件/小时。

图4-3-6 滑块式分拣系统

（二）交叉带式分拣系统

交叉带式分拣系统（见图4-3-7）由主驱动带式输送机和载有小型带式输送机的台车（简称“小车”）连接在一起组成，当“小车”移动到规定的分拣位置时，转动皮带，完成把商品分拣送出的任务。因为主驱动带式输送机与“小车”上的带式输送机呈交叉状，故称交叉带式分拣系统。

图4-3-7　交叉带式分拣系统

交叉带式分拣系统的优点是噪声低、可分拣的货物范围广、分拣出口多，可左右两侧分拣，分拣能力一般达6000～7700件/小时。这种分拣系统适宜于分拣各类小件商品，如食品、化妆品、衣物等。大型交叉带式分拣系统一般应用于机场行李分拣和安检系统。

扫描右侧二维码，观看视频，了解交叉带式分拣系统。

交叉带式分拣系统

（三）斜导轮式分拣系统

斜导轮式分拣系统（见图4-3-8）主要由输送滚轮、同步转向控制器、传动装置、机架等组成。运行时依据管理系统下发的指令及信息控制转向控制器改变输送滚轮的运行方向，可实现物品左右两侧分拣。

斜导轮式分拣系统的主要优点是：对商品冲击力小，分拣轻柔；分拣快速准确；适应各类商品，适应硬纸箱、塑料箱等平底面商品包装；分拣出口数量多。

这种分拣系统主要适用于大批量产品的分拣。

（四）滚珠式分拣系统

滚珠式分拣系统（见图4-3-9）通过伺服系统驱动万向滚珠，带动物品产生横向位移，从而完成分拣。滚珠式分拣系统同样适应不同大小、重量、形状的各种商品，即使是小而轻软的包裹都能轻松分拣。

图4-3-8　斜导轮式分拣系统

图4-3-9　滚珠式分拣系统

扫描下方二维码，观看视频后思考，输送机有什么特点？

输送机介绍

思政点拨

“不负嘱托，努力把核心技术牢牢掌握在自己手里”

初秋时节，浑河之畔，绿意盎然、生机勃勃。

大路两旁，厂房林立。生产线上，移动机器人自由穿梭，红色的机械手上下翻飞。

2022年8月17日下午，习近平总书记来到沈阳新松机器人自动化股份有限公司（以下简称新松公司）考察。在企业展厅内，他听取辽宁新时代东北振兴整体情况介绍，察看辽宁先进科技产品集中展示，并考察了新松公司生产经营、自主创新情况；在生产车间里，他向技术人员和企业职工询问企业开展核心技术攻关等情况，对企业自主创新和产业化发展取得的成绩予以肯定，表示新松公司体现了中国速度、中国水平；在车间外，他与企业的科技工作者、一线员工亲切交流。

难忘的瞬间、深情的关怀、亲切的鼓励、殷切的嘱托，总书记的到来，让新松人感到心潮澎湃、信心满满、干劲十足。

“自立自强关键在于自主创新”

新松智慧园内，被称为当今全球最大的移动机器人装配调试车间——C2车间内一派繁忙景象，各个工区的工程师正在专注地进行机器人产品的装配和调试工作。

“向总书记面对面汇报，我的心情太激动了，恨不得把新松的努力、成长、收获全都讲给总书记听。”新松移动机器人BG运营执行总监李明儒回忆说。

“总书记对我们正在测试的汽车底盘合装移动机器人特别感兴趣。我们非常自豪地向总书记汇报，新松移动机器人核心技术完全自主可控，举升结构、控制单元、感知单元等关键部件均为自主研发并获得国家专利，仅在汽车合装领域，目前国内市场占有率就达到80%以上，不仅在国内市场处于绝对领先地位，在国际上也是行业龙头。”李明儒说，“总书记听到这非常高兴，频频点头。”

紧挨着移动机器人区域的是工业机械臂区域。20余台正在进行测试的机械臂同时“舞动”，远远望去，满眼都是“中国红”。

事实上，包括我国第一台工业机械臂在内，中国机器人行业的很多首台（套）都诞生在新松。创立至今，新松公司创造了我国机器人行业百余项第一，牵头制定国家及行业标准20余项，拥有发明专利1300多项。

“总书记就是站在这里与大家亲切交流的。大家都向总书记挥手问好，热烈的掌声响了一轮又一轮，当时我激动得眼泪都要流出来了。”特种机器人事业部机械设计工程师卜铮说，“总书记对自主创新的认可、对科技人员的重视，让我感受到巨大的支持和鼓励！”

自主创新是新松公司的根和魂。仅在移动机器人方面，新松公司就创新研发了200余种移动机器人产品，拥有激光、惯性、视觉、自然轮廓等多种导航方式，历经十余年持续攻关研发的真空机械手，也已在半导体行业成功应用。

依托技术沉淀持续增强创新能力，新松公司成功研制出具有自主知识产权的工业机器人、移动机器人等五大系列百余种产品，面向半导体装备、智能装备、智能物流等产业方向，形成了完整的机器人产品线及工业4.0整体解决方案，是全球产品线最全的机器人企业之一。截至目前，新松公司的产品已经服务于全球40多个国家和地区，拥有4000多个用户。

支撑强大创新能力的是新松公司深入血脉、始终如一对人才和创新的尊重。目前，新松公司拥有由4000余人组成的创新团队，占员工总数的70%左右。

“看到我们的产品，听到我们的汇报，总书记非常高兴，勉励我们一定要坚持自主创新，久久为功。”新松公司总裁张进说，“作为科技企业工作者之一，作为新松的创始成员之一，我感到无比自豪、无比振奋！总书记的亲切关怀和殷切寄语，让我们更加坚定信念：只有坚持走自主创新之路，才能实现科技自立自强。我们一定会持续投入、再攀高峰、只争朝夕，突破‘卡脖子’问题，努力把关键核心技术和装备制造业掌握在我们自己手里，为擦亮机器人产业这颗‘制造业皇冠顶端的明珠’作出新的贡献！”

（资料来源：辽宁日报）

项目五　智慧物联网技术应用案例的解析

任务一　分析物联网技术应用案例

学习情境描述

物联网是新一代信息技术的重要组成部分，也是“信息化”时代的重要发展阶段。顾名思义，物联网就是物物相连的互联网。物联网通过智能感知、识别技术与普适计算等通信感知技术，广泛应用在与网络的融合中，因此被称为继计算机、互联网之后世界信息产业发展的第三次浪潮。物联网是互联网的应用拓展，与其说物联网是网络，不如说物联网是业务和应用。因此，应用创新是物联网发展的核心，以用户体验为核心的创新是物联网发展的灵魂。

小威在进入极速物流有限公司实习后，被分配在公司的信息管理部门，由导师陆超（主管信息系统的经理）带其了解物流信息管理工作，陆超安排小威了解物联网技术，并完成物联网技术应用的案例分析。

学习目标

1. 掌握物联网的相关概念。
2. 掌握物联网的主要特点。
3. 了解物联网的核心技术和体系标准及物联网的应用前景。
4. 能够对当前物联网对物流信息化技术的影响进行分析预测。

任务书

完成任务单（见表5–1–1）中的任务。

表5–1–1　任务单

专业班组		班长		日期	
任务：完成物联网技术应用的案例分析					

（续表）

检查意见：
签章：

任务分组

学生按要求自行分组并填写任务分配表（见表5-1-2）。

表5-1-2　　任务分配表

<table>
<tr><td>班级</td><td></td><td>组号</td><td></td><td>指导教师</td><td></td></tr>
<tr><td>组长</td><td></td><td>学号</td><td colspan="3"></td></tr>
<tr><td rowspan="6">组员</td><td colspan="2">姓名</td><td colspan="3">学号</td></tr>
<tr><td colspan="2"></td><td colspan="3"></td></tr>
<tr><td colspan="2"></td><td colspan="3"></td></tr>
<tr><td colspan="2"></td><td colspan="3"></td></tr>
<tr><td colspan="2"></td><td colspan="3"></td></tr>
<tr><td colspan="2"></td><td colspan="3"></td></tr>
<tr><td>任务分工</td><td colspan="5"></td></tr>
</table>

获取信息

本学习任务需要掌握的内容包括物联网的含义、特点及在物流行业中的应用情况等，学习前需要收集相关资料。

引导问题1：阅读资料，说一说你理解的物联网。

扫描右侧二维码，阅读资料，想一想：

（1）什么是物联网？

（2）物联网与互联网的关系和区别是什么？

感知中国

引导问题2：案例分析。

扫描右侧二维码，阅读案例，想一想：

物联网在食品安全中是如何应用的？有哪些积极的作用？

基于物联网打造安全溯源系统

引导问题3：物联网应用了哪些关键技术？

工作计划

按照收集资讯和决策的过程，制定物联网技术应用案例分析的工作方案，并填写表5-1-3和表5-1-4。

表5-1-3　物联网技术应用案例分析的工作方案

步骤	工作内容	负责人
1		
2		

（续表）

步骤	工作内容	负责人
3		
4		
5		
6		
7		
8		

表5-1-4　器材清单

序号	名称	类型与规格	单位	数量	备注

进行决策

教师带领学生对案例进行分析，并做好工作安排，讨论分析结果，制订详细计划。

评价反馈

各组代表展示作品，介绍任务的完成过程。作品展示前准备阐述材料，并完成表5-1-5、表5-1-6和表5-1-7。

表5-1-5　学生自评表

序号	评价项目	学生自评
1	任务是否按计划时间完成	
2	相关理论学习情况	
3	任务创新情况	
4	材料上交情况	
5	收获	

表5-1-6 学生互评表

序号	评价项目	小组互评
1	任务是否按时完成	
2	材料上交情况	
3	作品质量	
4	语言表达能力	
5	小组成员合作情况	
6	是否有创新点	

表5-1-7 教师评价表

序号	评价项目	教师评价
1	学习准备情况	
2	引导问题填写情况	
3	是否规范操作	
4	完成质量	
5	关键操作要领掌握情况	
6	完成速度	
7	是否进行5S管理	
8	参与讨论的主动性	
9	沟通协作情况	
10	展示汇报情况	

学习情境相关知识点

知识点1：物联网的内涵

（一）物联网的概念

目前对于物联网还没有一个公认和明确的定义，但大家都认可的是“物联网是一个基于互联网、传统电信网络等信息承载体，让所有能够被独立寻址的普通物理对象实现互联互通的网络”。换句话说，在物联网世界，每一个物体均可寻址，每一个物体均可通信，每一个物体均可控制。普遍认为物联网是继计算机、互联网之后的引领信息产业革命的新一次浪潮。又由于物联网所倡导的物物互联规模要远大于现阶段的人与人的通信业务，因此物联网的预期市场前景也要远大于计算机、互联网等。

（二）物联网的起源与发展

1995年，比尔·盖茨在《未来之路》一书中就提出了“物物互联”的构想；1999年，美国麻省理工学院的自动识别技术中心首先提出建立在物品编码、无线射频技术和互联网基础上的物联网概念。物联网的基本思想虽然成型于20世纪末，但在这些年才真正引起人们的关注。2005年，国际电信联盟（ITU）发布了《ITU互联网报告2005：物联网》，指出物联网时代即将来临，世界上所有的物体小到纸巾，大到房屋都可以通过互联网主动进行信息交换。

随后世界许多国家都提出了自己的物联网发展战略，包括美国的“智慧地球”、欧盟的《欧盟物联网行动计划》行动方案、日本的《i-Japan战略2015》信息化战略等。温家宝在2009年8月考察时也提出了“感知中国”战略构想，随后我国政府的一系列报告和相关政策都表明中国要抓住机遇，紧跟世界先进潮流，大力发展物联网技术。

（三）物联网的特点

物联网最主要的特点，也是它与传统信息网络最大的区别，是物联网突破了以前只能人与人或人与机器互联的模式。物与物之间也可以通过网络彼此交换信息、协同运作、相互操控。这可以称作“异构设备互联化”，即不同种类、不同型号的设备利用无线通信模块和标准通信协议，形成自组织网络，实现信息的共享和融合，从而在各行各业中创造出自动化程度更高、功能更强大、对环境适应性更好的应用系统。

知识点2：物联网的主要技术

物联网在逻辑上可以分为认知层、网络层、管理层和应用层。它与传统信息系统构架相比，多了一个认知层。

认知层，即由遍布在我们周边的各类传感器、条码、摄像头等组成的传感器网络。它的作用是实现对物体的感知、识别、检测、数据采集、反应和控制等。这些作用改变了传统信息系统内部运算能力强，但是对外部感知能力弱的状况，因此认知层是物联网的基础，也是物联网与传统信息系统的最大区别。

网络层，即由各种有线及无线节点、固定与移动网关组成的通信网络与互联网的融合体。网络层的主要作用是把认知层的数据接入网络以供上层使用。它的核心是互联网（包括下一代互联网），而各种无线网络则提供随时随地的网络接入服务。网络层使用的技术涉及互联网、移动通信网络、Wi-Fi等无线宽带网络和蓝牙等无线低速网络方面的技术。

管理层，其作用是在高性能计算机和海量存储技术的支撑下，将大规模数据高效可靠地组织起来，为上层服务层提供智能的支撑平台。管理层包括能存储大量数据的数据中心、以搜索引擎为代表的网络信息查询技术、智能处理系统和保护信息与隐私

的安全系统等。

应用层，即物联网技术与各类行业应用的结合，通过物联网的“物物互联”实现无所不在的智能化应用，如智能物流、智能电网、智能交通、环境监测等。

知识点3：物联网的主要应用

（一）产品智能可追溯网络系统

目前，基于RFID等技术建立的产品智能可追溯网络系统，其技术与政策等条件都已经成熟，产品智能可追溯网络系统在医药、农产品、食品、烟草等行业已有很多成功应用，在货物追踪、识别、查询、信息采集与管理等方面也发挥了巨大作用，为保障食品安全、药品安全等提供了坚实的物流保障。

粤港合作供港蔬菜智能追溯系统就是一个案例。RFID标签的应用，可实现对供港蔬菜的溯源，实现对供港蔬菜从种植、用药、采摘、检验、运输、加工到出口申报等各环节的全过程监管，可快速、准确地确认供港蔬菜的来源和合法性，加快了查验速度和通关效率，提高了查验的准确性。通过RFID标签与数据库形成的“物联网”，可实现对供港蔬菜的自动化识别、判断和监管，可提高监管效率，实现快速通关。

（二）物流过程的可视化网络系统

物流过程的可视化网络系统基于卫星定位技术、RFID技术、传感技术等多种技术，在物流活动过程中可实现车辆定位、运输物品监控、在线调度与配送的可视化。

目前，技术比较先进的物流公司或企业大都建立与配备了智能车载物联网系统，可以实现对车辆的定位与实时监控等，初步实现物流作业的透明化、可视化管理。

（三）智慧物流中心

全自动化的物流管理运用基于RFID、传感器、声控、光感、移动计算等各项先进技术，建立物流中心智能控制、自动化操作网络，从而实现物流、商流、信息流、资金流的全面管理。目前，有些物流中心已经在货物装卸与堆码中，采用码垛机器人、激光或电磁无人搬运车进行物料搬运，自动化分拣作业、出入库作业也由自动化的堆垛机操作，整个物流作业系统完全实现自动化和智能化。

任务二　分析智能网联汽车无人驾驶定位技术应用案例

学习情境描述

不断向前发展的物流行业正处在一个技术变革的关键时期，仓储、运输、配送等环节逐步融入前沿技术，未来物流将会趋于“无人化”。目前参与物流行业无人驾驶项目的公司主体有很多，除了主营为物流业务的企业，如顺丰、京东物流等，还有很多互联网巨头加入其中，如百度、阿里巴巴等，此外还有很多主机厂及初创企业也纷纷加入其中。物流无人化也分为诸多场景，如干线物流无人驾驶、最后一公里配送等。

小威在进入极速物流有限公司实习后，被分配在公司的信息管理部门，由导师陆超（主管信息系统的经理）带其了解物流信息管理工作，陆超安排小威了解智能网联汽车无人驾驶定位技术，并完成智能网联汽车无人驾驶定位技术应用的案例分析。

学习目标

1. 了解智能网联汽车的概念。
2. 了解无人驾驶定位技术的概念。
3. 了解实时运动定位的原理。
4. 了解惯性测量单元（IMU）的特点。
5. 了解激光雷达定位的方法。

任务书

完成任务单（见表5-2-1）中的任务。

表5-2-1　任务单

专业班组		班长		日期	
任务：完成智能网联汽车无人驾驶定位技术应用的案例分析					
检查意见：					
签章：					

任务分组

学生按要求自行分组并填写任务分配表（见表5-2-2）。

表 5-2-2　　任务分配表

班级		组号		指导教师	
组长		学号			
组员	姓名		学号		
任务分工					

获取信息

本学习任务需要掌握的内容包括智能网联汽车无人驾驶定位技术的含义、特点及在物流行业中的应用情况等，学习前需要收集相关资料。

引导问题 1：案例分析。

扫描右侧二维码，阅读案例，想一想：

（1）什么是智能网联汽车？

（2）什么是无人驾驶定位技术？

（3）二者是如何结合的？

智能驾驶“新物种”

引导问题 2：查阅资料，说一说无人驾驶定位运用了哪些关键技术？

引导问题3：举例说明在物流行业使用无人驾驶定位技术的优势。

扫描右侧二维码，阅读案例，想一想：

货站无人化作业有哪些创新应用？

广东机场物流“无人驾驶创新应用”试点顺利结束，货站无人化作业步入新阶段

工作计划

按照收集资讯和决策的过程，制定智能网联汽车无人驾驶定位技术应用案例分析的工作方案，并填写表5-2-3和表5-2-4。

表5-2-3　智能网联汽车无人驾驶定位技术应用案例分析的工作方案

步骤	工作内容	负责人
1		
2		
3		
4		
5		
6		
7		
8		

表5-2-4　器材清单

序号	名称	类型与规格	单位	数量	备注

（续表）

序号	名称	类型与规格	单位	数量	备注

进行决策

教师带领学生对案例进行分析，并做好工作安排，讨论分析结果，制订详细计划。

评价反馈

各组代表展示作品，介绍任务的完成过程。作品展示前准备阐述材料，并完成表5-2-5、表5-2-6和表5-2-7。

表5-2-5　学生自评表

序号	评价项目	学生自评
1	任务是否按计划时间完成	
2	相关理论学习情况	
3	任务创新情况	
4	材料上交情况	
5	收获	

表5-2-6　学生互评表

序号	评价项目	小组互评
1	任务是否按时完成	
2	材料上交情况	
3	作品质量	
4	语言表达能力	
5	小组成员合作情况	
6	是否有创新点	

表5-2-7　　教师评价表

序号	评价项目	教师评价
1	学习准备情况	
2	引导问题填写情况	
3	是否规范操作	
4	完成质量	
5	关键操作要领掌握情况	
6	完成速度	
7	是否进行5S管理	
8	参与讨论的主动性	
9	沟通协作情况	
10	展示汇报情况	

学习情境相关知识点

知识点1：智能网联汽车的概念

智能网联汽车是车联网与智能汽车的有机结合。

智能网联汽车是一种跨技术、跨产业领域的新兴汽车体系，不同角度、不同背景对它的理解是有差异的，各国对于智能网联汽车的定义不同，叫法也不尽相同，但终极目标是一样的，即可上路安全行驶的无人驾驶汽车。

智能网联汽车更侧重于解决安全、节能、环保等制约产业发展的核心问题，其本身具备自主的环境感知能力，其聚焦点是在车上，发展重点是提高汽车安全性。

从狭义上讲，智能网联汽车是搭载先进的车载传感器、控制器、执行器等装置，并融合现代通信与网络技术，实现车与人、路、后台等的智能信息交换共享，具备复杂的环境感知、智能决策、协同控制和执行等功能，可实现安全、舒适、节能、高效行驶，并最终可替代人来操作的新一代汽车。

从广义上讲，智能网联汽车是以车辆为主体和主要节点，融合现代通信和网络技术，使车辆与外部节点实现信息共享和协同控制，以达到车辆安全、有序、高效、节能行驶的新一代多车辆系统。

知识点2：无人驾驶技术的发展历程

无人驾驶技术是传感器、计算机、人工智能、通信、导航定位、模式识别、机器视觉、智能控制等多项前沿技术的综合。

从20世纪50年代开始，西方发达国家就开展了地面无人驾驶汽车的研究，并且取得了一系列的成果。在此可以将无人驾驶技术的发展历程归结为三个主要阶段。

第一阶段，在20世纪80年代之前，硬件技术、图形处理技术和数据融合技术等关键技术发展滞后，地面无人驾驶技术侧重于遥控驾驶。

第二阶段，20世纪80年代以后，随着自主车辆技术及其他相关技术的突破性进展，地面无人驾驶技术得以进一步发展，出现了各种自主和半自主移动平台。但是，由于受定位导航设备、障碍识别传感器、计算控制处理器等关键部件性能的限制，当时的无人驾驶汽车虽然在一定程度上实现了自主行驶，但行驶速度低，环境适应能力弱。

第三阶段，自20世纪90年代以来，计算机、人工智能、机器人控制等技术得到了突破，半自动型地面无人驾驶汽车得到了进一步发展。部分地面无人驾驶汽车参与了军事实战，验证了地面无人驾驶汽车的作战能力，这使人们看到了地面无人驾驶汽车的发展前景，大大激发了各国研发地面无人驾驶汽车的热情，也掀起了研究高潮。在各种需求的推动下和技术发展的激励下，美国、德国、意大利等国家在无人驾驶技术方面走在了全世界的前列。进入21世纪后，随着物理计算能力的大幅度提升、动态视觉技术的快速发展以及人工智能技术的迅猛发展，加上路线导航、障碍躲避、突发决策等关键技术得到解决，无人驾驶技术取得了突破性进展。

知识点3：无人驾驶定位技术

（一）定位技术

定位是让无人驾驶汽车感知自身确切位置的技术，这是一个有趣且富有挑战性的任务，对于无人驾驶汽车来说非常重要。假设你在驾驶一辆车时彻底迷路了，你不知道自己实际在哪个地方。如果你有一张全球的高精度地图，定位的任务就是确定你的车在这张高精度地图上的位置。

通常，我们使用GPS来进行定位，但是GPS对于无人驾驶汽车来说还不够精确。因此我们必须找到另一种方法来更准确地确定车辆在地图上的位置。最常用的方法是将车辆传感器所看到的内容与地图上所显示的内容进行比较，车辆传感器可以测量车辆与静态障碍物之间的距离，我们在车辆的坐标系中测量这些距离及这些静态障碍物的方向。在车辆的坐标系中，车辆的前进方向始终向前，坐标系正方向始终与车头保持一致，但不一定与地图坐标系保持一致。当车辆传感器测量到地图上的物体时，会将传感器的地标观测值与地标在地图上的位置匹配，转换到地图自带坐标系；反之亦然，从而达到地图与车辆传感器数据的对比。

（二）GNSS RTK系统

如果在野外迷路，你看到自己距离一棵树75m远，你只知道自己位于一个以树为中心、半径为75m的圆上。但是如果你看到一个距离自己64m远的房子，你就会知道自己位于两个圆的交点处，但仍不知道自己位于哪个交点上。假设你看到了第三个路标，如路灯，经过测量你发现自己离路灯55m远，这时你就知道了相对于这些地标的确切位置。

假设现在有一张世界地图，并标注了这三个地标在世界地图上的确切位置，那么就可以知道自身的确切位置了，这被称为三角测量（见图5-2-1）。GPS就是基于这样的工作原理，只是参照物并不是地标而是卫星。3颗卫星再加上1颗用来定位高度的卫星，4颗卫星就可以知道自身的确切位置了。GPS这类系统的通用名称为全球导航卫星系统（GNSS），GPS是其中使用最广泛的GNSS系统。

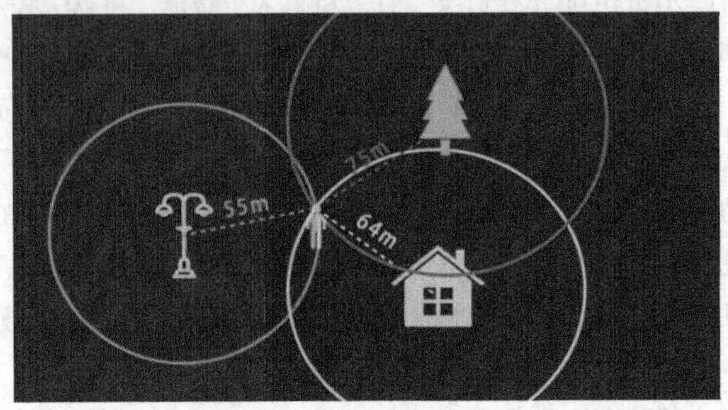

图5-2-1　三角测量

GPS分为三部分。第一部分是人造卫星，在任何时间大约有30颗人造卫星在外层空间运行，它们各自距离地球表面约2万千米。第二部分由世界各地的控制台组成，控制台用于监视和控制人造卫星，其主要目的是让系统保持运行并验证GPS广播信号的精确度。第三部分是GPS接收器，GPS接收器存在于手机、计算机、汽车、船舶及许多其他设备中。GPS的组成如图5-2-2所示。

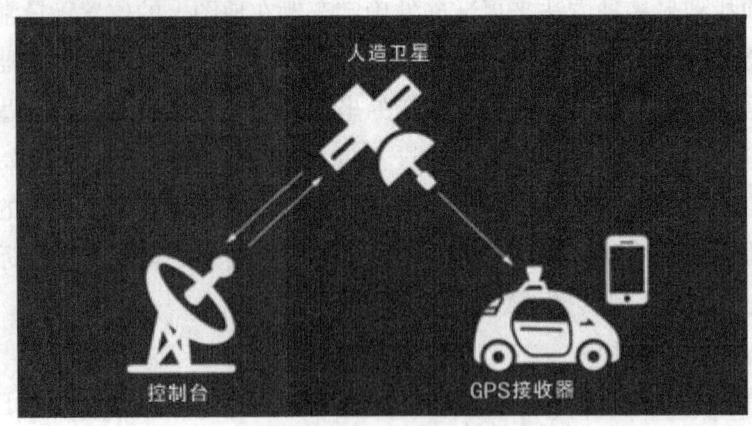

图5-2-2　GPS的组成

GPS接收器实际上并不直接探测你与人造卫星之间的距离，它首先测量信号的飞行时间，通过将光速乘这个飞行时间，来计算你离人造卫星的距离。光速的值很大，即使是少量的时间误差也会在距离计算中造成巨大的误差。因此，每颗人造卫星都配备了高精确度的原子钟。为进一步减小误差，使用RTK（Red Time Kinematic，实时动态）载波相位差分技术。使用该技术时，需要在地面上建立几个基站，每个基站都知道自己精确的“地面实况”位置，但是每个基站也通过GPS测量自己的位置。已知的“地面实况”位置与通过GPS测量得出的位置之间的偏差，为GPS测量结果中的误差。然后将这个误差传递给其他GPS接收器以供其调整自身的位置计算。在RTK载波相位差分技术的帮助下，GPS可以将定位误差限制在10cm以内。

但是仍存在高楼和其他障碍物可能阻挡GPS信号的问题，这使定位变得困难或根本无法实现。GPS的更新频率很低，大约为10Hz。由于无人驾驶汽车移动速度较快，可能需要更频繁地更新位置。实时运动定位原理如图5-2-3所示。

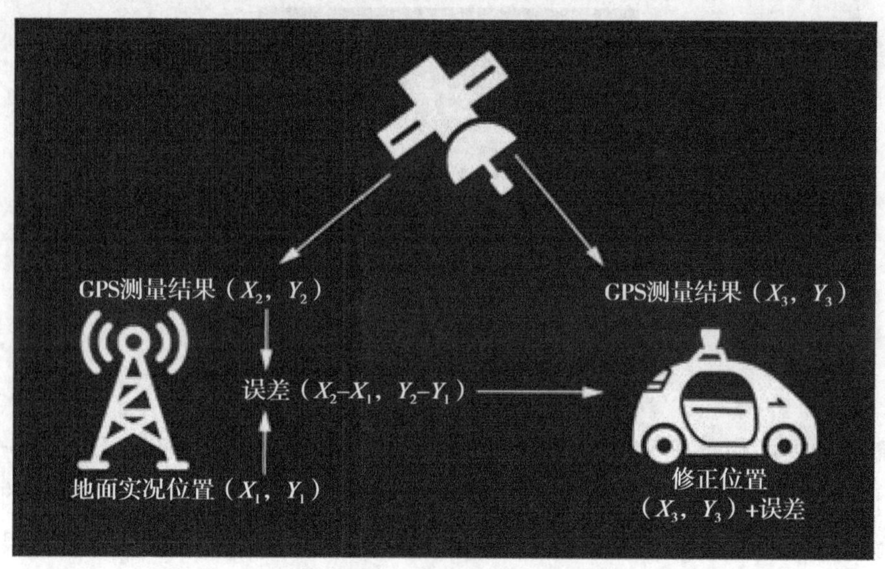

图5-2-3　实时运动定位原理

（三）惯性导航定位系统

假设一辆汽车正以恒定速度直线行驶，如果我们知道汽车的初始位置、速度和行驶时长，那么我们可以很容易知道车辆在任意时刻的位置。同样，根据初始位置、速度和加速度，依然可以确定汽车的实时位置，这也是惯性导航的基本原理（见图5-2-4）。

对于无人驾驶汽车，加速度可以用三轴加速度计来测量。但仅使用三轴加速度计还不足以得出其位置和速度。三轴加速度计是在车辆坐标系记录中进行测量的，我们需要知道如何将该测量值转换到全局坐标系。

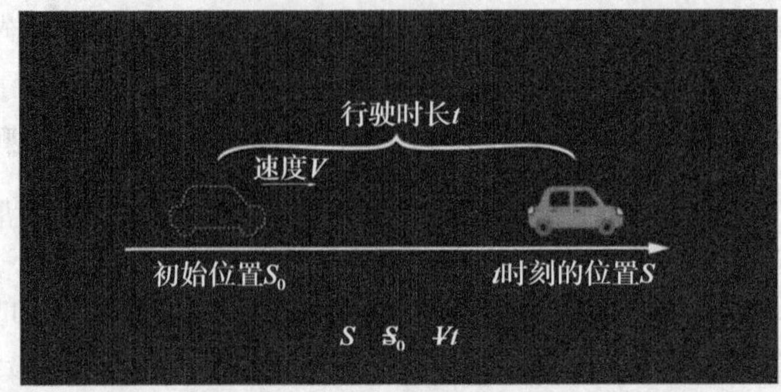

图5-2-4 惯性导航的基本原理

这种转换可以通过三轴陀螺仪实现。如图5-2-5所示，三轴陀螺仪的三个外部平衡环一直在旋转，但其旋转轴始终固定在全局坐标系中。车辆位置可以通过测量旋转轴和三个外部平衡环的相对位置来计算。

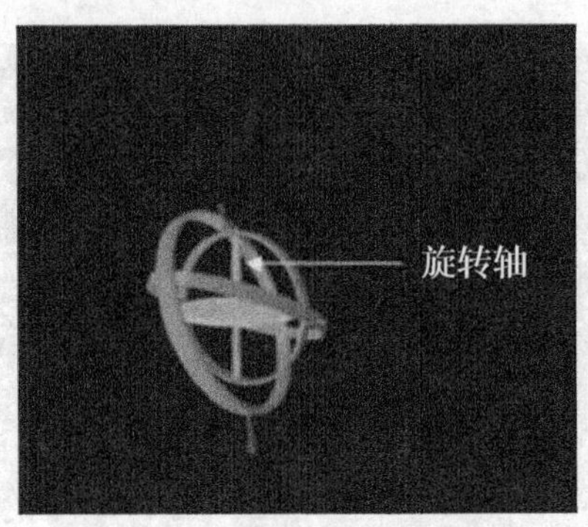

图5-2-5 三轴陀螺仪

三轴加速度计和三轴陀螺仪是惯性测量单元（IMU）的主要组件。IMU的一个重要特征在于它以高频率更新（其频率可达1000Hz），所以IMU可以提供接近实时的位置信息。其缺点是，IMU的运动误差会随时间的增加而增加，我们只能依靠它在很短的时间内进行定位。

一种更有效的方法是同时结合GPS和IMU来定位汽车。一方面IMU弥补了GPS更新频率低的缺陷，另一方面GPS纠正了IMU的运动误差。

但是，即使将二者结合使用，也不能完全解决无人驾驶的定位问题。比如，我们在地下隧道中行驶时，可能会长时间没有GPS更新，这会让整个定位系统面临失效的风险。

（四）激光雷达定位系统

利用激光雷达，我们可以通过点云匹配来对汽车进行定位。该方法将来自激光雷达传感器的检测数据与预先存在的高精度地图连续比较。通过这种比较，可以获知车辆在高精度地图上的全球位置和行驶方向。

激光雷达定位常用的一种方法是迭代最近点（见图5–2–6）。假设想对两次点云扫描进行匹配，对于第一次扫描中的每个点，我们需要找到另一次扫描中最接近的匹配点，最终会收集到许多匹配点对。我们把每对点之间的距离误差相加，然后计算平均距离误差，再通过点云的旋转和平移来最大限度地降低这一平均距离误差。一旦最大限度地降低了点云之间的误差，就可以在扫描结果和地图之间找到匹配。然后，就可以将激光雷达扫描到的车辆位置转换到全局地图上，并计算汽车在地图上的精确位置。

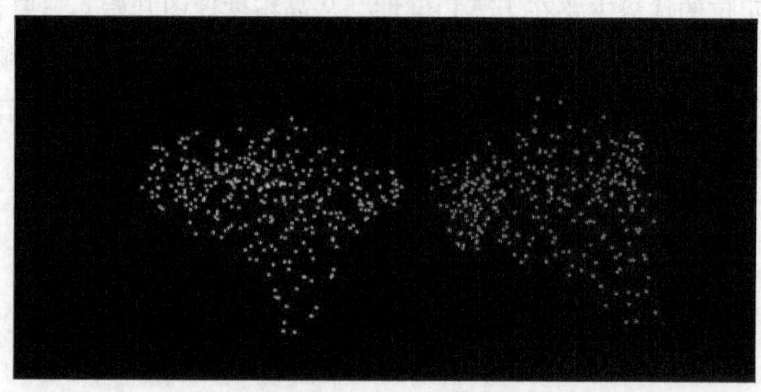

图5–2–6　迭代最近点

滤波算法是另一种激光雷达定位方法，该方法可以消除冗余信息，并在地图上找到最可能的车辆位置。阿波罗（百度自动驾驶平台名称）使用了直方图滤波算法，该方法也被称为误差平方和算法。

为了应用直方图滤波算法，我们将激光雷达扫描的点云滑过地图上的每个位置。在每个位置，计算扫描的点与高精度地图上的对应点之间的误差或距离。然后对误差的平方求和，和值越小，扫描结果与地图匹配得越好（见图5–2–7）。

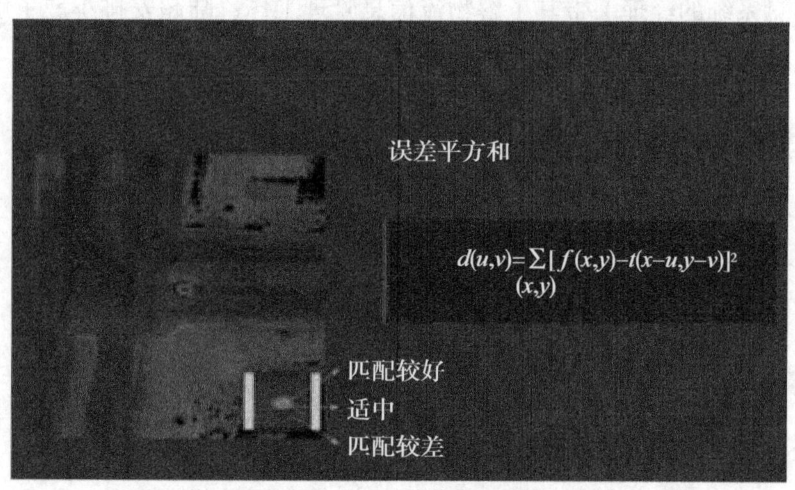

图5–2–7　直方图滤波算法

卡尔曼滤波法也是一种激光雷达定位方法。卡尔曼滤波法是一种算法，可根据过去状态和新的传感器测量结果预测当前的状态。

首先我们根据之前的状态以及对移动距离和方向的估计，来预测新的位置。由于运动估计可能存在偏差，所以需要通过激光雷达测量实际的位置并加以纠正。一旦我们测量了新的位置，便可以使用概率方法将传感器测量结果与现在实际的位置预测结合起来，并不断地重复这个预测—更新的循环。

激光雷达定位的优势主要在于其稳健性，从高精度地图开始，只要存在有效的传感器，我们就能始终进行定位。其缺点在于难以构建高精度地图，并且须保持其更新。事实上，几乎不可能使地图完全保持最新，因为几乎每个地图均包含汽车、行人等瞬态元素。下次路过时，这些元素几乎都会消失，地图在不断发生变化。

任务三　分析无人机技术应用案例

学习情境描述

中国民用航空局2020年发布的数据显示，我国无人机生产运营企业已超过1万家，无人机的商用飞行达到了159万小时，增长率在30%以上。无人机的爆发式增长以及未来几十年的增长趋势，向我们描绘了一个科幻感十足的生活图景。但在当下，如何突破技术瓶颈、解决安全问题，以及开发与其相适应的商业模式，是每个该领域的企业需要思考的问题。

小威在进入极速物流有限公司实习后，被分配在公司的信息管理部门，由导师陆超（主管信息系统的经理）带其了解物流信息管理工作，陆超安排小威了解无人机技术，并完成无人机技术应用的案例分析。

学习目标

1. 了解无人机相关技术。
2. 掌握无人机在物流行业应用的优势。
3. 理解无人机在物流行业应用的推进策略。

任务书

完成任务单（见表5-3-1）中的任务。

表 5-3-1　　任务单

<table>
<tr><td>专业班组</td><td></td><td>班长</td><td></td><td>日期</td><td></td></tr>
<tr><td colspan="6">任务：完成无人机技术应用的案例分析</td></tr>
<tr><td colspan="6">检查意见：</td></tr>
<tr><td colspan="6">签章：</td></tr>
</table>

任务分组

学生按要求自行分组并填写任务分配表（见表 5-3-2）。

表 5-3-2　　任务分配表

<table>
<tr><td>班级</td><td></td><td>组号</td><td></td><td>指导教师</td><td></td></tr>
<tr><td>组长</td><td></td><td>学号</td><td colspan="3"></td></tr>
<tr><td rowspan="6">组员</td><td colspan="2">姓名</td><td colspan="3">学号</td></tr>
<tr><td colspan="2"></td><td colspan="3"></td></tr>
<tr><td colspan="2"></td><td colspan="3"></td></tr>
<tr><td colspan="2"></td><td colspan="3"></td></tr>
<tr><td colspan="2"></td><td colspan="3"></td></tr>
<tr><td colspan="2"></td><td colspan="3"></td></tr>
<tr><td>任务分工</td><td colspan="5"></td></tr>
</table>

获取信息

本学习任务需要掌握的内容包括无人机技术的含义、特点及在物流行业中的应用情况等，学习前需要收集相关资料。

引导问题1：案例分析。

扫描右侧二维码，阅读案例，想一想：

（1）什么是无人机技术？

（2）美团是如何利用无人机技术进行产业融合的？

美团无人机与仲量联行达成战略合作探索智慧地产新模式

引导问题2：举例说明无人机技术在物流行业的应用。

小提示

扫描右侧二维码，观看视频，想一想：无人机在物流行业中应用具有哪些优势？

无人机演示

工作计划

按照收集资讯和决策的过程，制定无人机技术应用案例分析的工作方案，并填写表5-3-3和表5-3-4。

表5-3-3　　无人机技术应用案例分析的工作方案

步骤	工作内容	负责人
1		

（续表）

步骤	工作内容	负责人
2		
3		
4		
5		
6		
7		
8		

表 5-3-4　　器材清单

序号	名称	类型与规格	单位	数量	备注

进行决策

教师带领学生对案例进行分析，并做好工作安排，讨论分析结果，制订详细计划。

评价反馈

各组代表展示作品，介绍任务的完成过程。作品展示前准备阐述材料，并完成表5-3-5、表5-3-6和表5-3-7。

表 5-3-5　　学生自评表

序号	评价项目	学生自评
1	任务是否按计划时间完成	
2	相关理论学习情况	
3	任务创新情况	
4	材料上交情况	
5	收获	

表5-3-6 学生互评表

序号	评价项目	小组互评
1	任务是否按时完成	
2	材料上交情况	
3	作品质量	
4	语言表达能力	
5	小组成员合作情况	
6	是否有创新点	

表5-3-7 教师评价表

序号	评价项目	教师评价
1	学习准备情况	
2	引导问题填写情况	
3	是否规范操作	
4	完成质量	
5	关键操作要领掌握情况	
6	完成速度	
7	是否进行5S管理	
8	参与讨论的主动性	
9	沟通协作情况	
10	展示汇报情况	

学习情境相关知识点

知识点1：无人机的概念

（一）无人机的定义

无人驾驶航空器是由遥控站管理（包括远程操纵或自主飞行）的航空器，也称遥控驾驶航空器，又称无人机。

（二）无人机系统的定义

无人机系统也称无人驾驶航空器系统，指由无人机、相关的遥控站、所需的指令与控制数据链路以及批准的型号设计规定的任何其他部件组成的系统。

（三）无人机的分类及用途

1.按照用途分类

无人机可以分为军用无人机和民用无人机。

（1）军用无人机。

目前用于军事用途的无人机有很多种类。军用无人机可分为侦察无人机、诱饵无人机、电子对抗无人机、通信中继无人机、无人战斗机及靶机等。

（2）民用无人机。

民用无人机可分为巡查/监视无人机、农用无人机、气象无人机、勘探无人机及测绘无人机等。

2.按照平台分类

按照飞行平台构型的不同，无人机可以分为旋翼无人机、固定翼无人机、无人飞艇、伞翼机、扑翼无人机等。

（1）旋翼无人机。

旋翼无人机是通过多个定距桨（螺旋桨）正反旋转与转速控制提供升力并可实现飞行姿态调整的一类无人机。这样的定义方式使我们能了解旋翼无人机的旋翼结构、升力来源、姿态控制方式。其中，多旋翼无人机是有多组动力系统的旋翼无人机，一般常见的有四旋翼无人机、六旋翼无人机、八旋翼无人机……多旋翼无人机的机械结构非常简单，动力系统只需要电机直接连接桨就行。优点是机械简单，能垂直起降；缺点是续航时间短，载荷小。

（2）固定翼无人机。

固定翼无人机是机翼固定不变，靠流过机翼的风提供升力的一类无人机。跟我们平时坐的飞机一样，固定翼无人机起飞的时候需要助跑，降落的时候必须滑行，但这类无人机续航时间长、飞行效率高、载荷大。

（3）无人飞艇。

无人飞艇是一种轻于空气的航空器，它与热气球最大的区别在于具有推进和控制飞行状态的装置。这类飞行器是一种理想的空中平台，可以用于空中监视、巡逻、中继通信，还可以用于空中广告飞行、任务搭载试验、电力架线等，其应用范围极其广泛。

（4）伞翼机。

伞翼机一种用柔性伞翼代替刚性机翼的飞机，伞翼大部分为三角形，也有长方形的。伞翼可收叠存放，张开后利用迎面气流产生升力而升空，起飞和着陆滑跑距离短，常用于运输、通信、侦察和科学考察等。

（5）扑翼无人机。

扑翼无人机的设计受鸟类或者昆虫的启发，它具有可变形的小型翼翅。它可以利用不稳定气流的空气动力或肌肉一样的驱动器代替电机。

知识点2：无人机系统的组成

随着无人机技术的不断发展和完善，能够执行复杂任务的无人机系统一般包括以下各个分系统。

（1）无人飞行器分系统。

无人飞行器分系统包括机体、动力装置、飞行控制与管理设备等。

（2）任务设备分系统。

任务设备分系统包括电子对抗设备、通信中继设备、电子技术侦察设备等，可根据任务的需要安装不同的设备。

（3）测控与信息传输分系统。

测控与信息传输分系统包括无线电遥控/遥测设备、信息传输设备、中继转发设备等。

（4）指挥控制分系统。

指挥控制分系统包括飞行操纵与管理设备、综合显示设备、地图与飞行航迹显示设备、任务规划设备、记录与回放设备、情报处理与通信设备、其他情报和通信信息接口等。

（5）发射与回收分系统。

发射与回收分系统包括与发射（起飞）和回收（着陆）有关的设备或装置，如发射车、发射箱、助推器、起落架、回收伞、拦阻网等。

（6）保障与维修分系统。

保障与维修分系统包括基层级保障维修设备、基地级保障维修设备等。

无人飞行器分系统是执行任务的载体，它可以携带无线电遥控/遥测设备和任务设备等，到达目标区域完成要求的任务。测控与信息传输分系统通过上行信道，实现对无人机的遥控；通过下行信道，完成对无人机状态参数的遥测，并传回侦察获取的情报信息。任务设备分系统完成要求的任务。指挥控制分系统完成指挥、计划制订、任务数据加载、无人机地面及空中工作状态监视和操纵控制，以及飞行参数和情报数据记录等任务。发射与回收分系统完成无人机的发射（起飞）和回收（着陆）任务。保障与维修分系统主要完成系统的日常维护，以及无人机的状态测试和维修等任务。

知识点3：无人机主要技术

（一）无人机遥感技术

无人机遥感技术，即利用先进的无人驾驶飞行器技术、遥感传感器技术、遥测遥控技术、通信技术、GPS差分定位技术和遥感应用技术，能够实现自动化、智能化、专用化快速获取国土资源等空间遥感信息，且完成遥感数据处理、建模和应用分析的应

用技术。

无人机遥感技术由于具有机动、快速、经济等优势，已经成为未来的主要航空遥感技术之一。

（二）无人机通信技术

无人机利用通信数据链通信。通信数据链稳定性好，可工作在各种恶劣的环境下，工作环境的温度范围为-40～70℃，支持远距离传输，传输距离为60～100㎞，主要用于飞控及机载（GPS、飞行姿态、航点、传感器）数据的传输。

无人机上的远距离数据链传输能实时传回无人机的各种数据及稳定的视频画面。地面控制人员还能随时发出指令，下达新的任务规划。

（三）无人机自主控制技术

无人机自主控制技术指在不需要人的干预条件下，系统通过在线环境感知和信息处理，自主生成优化的控制策略，完成各种战略和战术任务，并且具有快速而有效的任务自适应能力的技术。

无人机系统自主控制面临的挑战包括复杂、非结构化、意外的动态环境，不确定的、意外的事件和态势，远距离、长航时条件下复杂网络通信链路故障、突发系统故障、实时外部威胁等。

（四）无人机材料技术

无人机材料主要包括机体材料（包括机体结构材料和机体非结构材料）、发动机材料和涂料等。其中最主要的是机体结构材料。机体结构材料应具有高的比强度和比刚度，以减轻飞机的结构重量，改善飞行性能或增加经济效益，还应具有良好的可加工性，便于制成所需要的零部件。

思政点拨

北斗为何是国之重器？

杨元喜，中国科学院院士，北斗卫星导航系统副总设计师。杨元喜1956年7月出生于江苏省泰州市，先后主持完成“2000国家GPS大地控制网数据处理工程”和“全国天文大地网与空间大地控制网联合平差工程”。杨元喜的2项成果获国家科技进步二等奖；2011年获“何梁何利基金科学与技术进步奖——地球科学奖”。他所从事的研究工作，大幅提高了航天器、舰船和车辆导航定位的速度和精度，为我国建立从深空到深海的全域定位导航授时服务体系奠定了理论基础。

2020年年初，新冠肺炎疫情暴发。在危难时刻，北斗系统火线驰援武汉市火神山、雷神山两大医院建设，它用高精度技术优势，实现了多数测量工作的一次性完成，为医院建设节省了大量时间，保障了抗疫“主阵地”建设的迅速完成，显示出北斗的智慧和力量。目前，国产北斗基础产品已出口120多个国家和地区，基于北斗的土地确权、精准农业、数字施工、智慧港口等应用，已在东盟、南亚、东欧、西亚、非洲等地区成功落地。

前有美国的GPS，欧洲的伽利略，俄罗斯的格洛纳斯，我国为什么还要集结400多家单位、30余万名科研人员，几十年磨一剑，打造自己的全球卫星导航系统？

自主可控，再难也要上

20世纪90年代，美国GPS、俄罗斯格洛纳斯已完成全球组网，牢牢占据先发优势。掌握了时间和空间，就控制了一个国家最重要的基础信息。1993年7月，中国“银河号”货轮行驶至印度洋时，遭遇所在海域的GPS服务系统被故意关闭的状况，被迫在公海停滞了三周。复杂多变的国际局势，让我们愈发强烈地意识到，拥有自己的卫星导航系统对维护国家安全、保障经济社会发展是何等重要。1994年，中国独立运行、自主建设的卫星导航系统——北斗正式启动建设。但是由于起步较晚，北斗卫星导航系统面临着必须创新的巨大压力，没有新的设计、新的功能，北斗就没有应用市场。

北斗建设者想建成独立自主的卫星导航系统，必须标新和立异。标新是要追求性能的高效，立异是为了让功能更丰富、更有特色。对北斗建设者来说，无论是标新还是立异，都要求建设的这个系统有用、好用、管用。所以，北斗人在这样的挑战下，做了很多创新性的设计。

“北斗一号”解决了中国卫星导航系统从无到有的一次飞跃，实现了短报文通信，当时只是120个汉字，可是这120个汉字对很多用户来说是极其重要的。北斗系统的短报文服务，是其他全球卫星导航系统所不具备的。特别是在灾区通信中断、电力中断的紧急情况下，仍然可以使用卫星信号传输信息、发送短信，实现通信和定位。2008年5月12日汶川大地震，灾区的手机通信基站被破坏，有线、无线通信全部中断，地震灾区瞬间成为信息孤岛，外界无法及时获得震区的受灾情况。配备了上千台北斗用户终端的救援队伍陆续进入灾区，打开了灾区与外界的通信通道。北斗短报文成为震区当时唯一的通信方式，不仅将灾情信息传递出来，还对受灾状况进行定位，为救援和救灾物资的输送提供导航，在指挥部和救灾一线之间架起了有效的信息桥梁，大大提高了救援的效率。

2012年12月27日建成的“北斗二号”卫星导航系统，由14颗卫星组成，其中有5颗地球静止轨道卫星、5颗倾斜轨道卫星，另有4颗中圆轨道卫星，可以覆盖中国以及亚太地区。“北斗二号”解决了从境内到亚太、局部到区域的导航定位问题；从有源定位到无源定位的问题。不需要发射信号也能定位，这是“北斗二号”一个重要的突破。

2020年6月23日，“北斗三号”的最后一颗地球静止轨道卫星发射成功，标志着北斗全球卫星导航系统圆满完成了星座部署，成为迄今为止我国规模最大、覆盖范围最广、服务性能最高、与人民生活关联最紧密的巨型复杂航天系统，并跻身世界四大全球卫星导航系统行列，正式向全球用户提供全天候、全天时、高精度定位导航和授时服务。

功能之丰富，问鼎全球

北斗卫星导航系统是目前功能最丰富的系统，不是之一，而是之最。

为飞机保驾护航。北斗卫星导航系统，在提供导航定位授时的同时，提供了星基增强，为民航用户提供精密进近所需的所有要素，包括完好性信息，卫星的健康信息，所有信号的健康信息。国际上很多国家都有星基增强，美国叫WAAS（广域增强系统），欧盟叫EGNOS（欧洲地球静止导航重叠服务），它们都需要重新租用卫星来播发星基增强的信息，通过若干个地面跟踪站、地面监测站，来监测各个星座、卫星的健康状况。但是，我们就在北斗的同步卫星的星座上，把星基增强信息播发给民航用户，这样用户可以非常方便地在接收北斗信号的同时，把增强信号接收下来。目前可以提供北斗双频、GPS双频的增强服务。未来我们承诺可以为全球四大卫星导航系统提供双频多系统的增强服务。

无网定位照样精准。“北斗三号”提供的精密单点定位，不需要通过网络。这个精密单点定位说起来并不新鲜，因为国际全球卫星导航系统服务组织，已经在全球构建了若干个监测站，它把精密轨道和各个卫星的精密钟差放到网上，用户想得到高精度定位、高精度授时，可以从互联网上下载高精度的轨道和高精度的卫星钟差。但北斗可以利用同步卫星，把精密轨道、精密钟差直接免费播发给用户，不需要互联网，目前可以在中国的周边地区、中国境内提供精密单点定位服务。

几米之内精准搜救。北斗卫星导航系统是按照国际海事组织的相关标准进行建设的，可以提供全球国际搜救服务，其中6颗卫星有搜救载荷，还加了一个反向链路功能。这个反向链路就是一旦用户遇到紧急情况需要搜救，只要地面搜救中心收到信息，会马上告诉求助人收到他的信息，甚至会告知最近的搜救队距离大概多远，多长时间能够搜救到他。这对被搜救的人来说，是个极大的心理安慰。

破解地面布站难题。卫星导航系统实现对地面用户的服务，不仅要依靠天上的卫星，还要依靠地面的运行控制系统，也就是通常所说的地面站，地面站要不断对天上的卫星进行轨道测量，对轨道位置进行确定，才能将精确的导航数据投入实际应用。中国无法像美国那样在全球建立地面站，“北斗三号”的另外一个创新设计，就是在卫星和卫星之间设计了星间链路。北斗系统不仅攻克了星间链路等160余项关键核心技术，还突破500余种器部件的国产化研制，实现了“北斗三号”卫星核心器部件百分百国产化。

“北斗+”全面开启

“北斗三号”全球卫星导航系统一系列的创新设计，让北斗成为世界上功能最丰富的卫星导航系统，如今它已全面服务交通运输、公共安全、减灾救灾、农林牧渔、城市治理等各行各业。未来，北斗将与新一代通信、物联网、人工智能等新技术深度融合。大多数国产手机现在都已经用上北斗卫星导航系统。把北斗芯片嵌入到汽车里，可以为未来的智能驾驶提供强有力的支持；嵌入到高铁，可以为高铁的稳定运行提高效率；嵌入到农业机械，可以提升农业机械的运作水平、精细水平；嵌入到电力系统，可以让电力系统时间同步更靠谱；嵌入到整个交通管理，可以为一个城市交通管理的实时监控、疏导提供支撑。北斗能为各行各业提供强有力的支持。

2019年年底，北斗国产的兼容芯片、模块销量已经突破了1亿片，卫星导航定位终端总销量已经突破了4.6亿台套，具有北斗兼容芯片的终端产品包含手机已经超过了7亿台套，北斗卫星导航系统为之服务的企业单位数量，目前已经有14000多家，从业人员已经超过50万人。

建成了北斗全球卫星导航系统，只是中国定位导航授时系统建设的一个逗号。下一步我们还要建设一个更加泛在、更加融合、更加智能的综合时空体系，为国家经济社会的稳定运行、长足发展，提供更加坚韧、更加连续、更加可靠、更加稳健的定位导航授时体系。

（资料来源：学习时报）

参考文献

[1] 高连周. 物流信息技术应用 [M]. 北京：清华大学出版社，2016.

[2] 王爽，鲁艳萍. 物流信息技术 [M]. 北京：中国水利水电出版社，2014.

[3] 邓永胜，秦江华. 物流信息技术 [M]. 北京：电子工业出版社，2013.

[4] 宋文官. 物流基础 [M]. 2版. 北京：高等教育出版社，2010.

[5] 王晓平. 物流信息技术 [M]. 北京：清华大学出版社，2011.

[6] 蔡淑琴，夏火松，梁静. 物流信息系统 [M]. 3版. 北京：中国物资出版社，2010.

[7] 中国物品编码中心，中国自动化识别技术协会. 电子数据交换技术与应用 [M]. 武汉：武汉大学出版社，2007.

[8] 李大军. POS系统应用 [M]. 北京：清华大学出版社，2004.

[9] 崔胜民. 智能网联汽车新技术 [M]. 2版. 北京：化学工业出版社，2021.

[10] 何黎明. 中国物流技术发展报告.2017 [M]. 北京：中国财富出版社，2017.